Hochtouren

»wandern« im Monte-Rosa-Gebiet

Tobias Bach • Franz Hölzl

HOCHTOUREN

PRAXISWISSEN VOM PROFI
Ausrüstung, Technik und Sicherheit

BRUCKMANN

Inhalt

Träume sind da, um sie zu verwirklichen 7

Vorwort 9

Alpine Spielformen zwischen Fels und Eis 11
- Was bedeutet »Hochtour«? 12
- Gletscherwandern 12
- Hochtour klassisch 13
- Kombinierte Touren 14
- Eiswände 14
- Vom Wasserfall zum Everest – Sonderformen 16

Strategie, Risiko und Erlebnis ... 21
- Von der Idee zur Tour 22
- Routenbeschreibungen und Schwierigkeitsbewertungen 22
- Faktor Mensch: Ich, die Gruppe, der Berg 26
- Tourenplanung Schritt für Schritt 30
- Exkurs: Fehlerkultur 33
- Hochtour als Kunst: Erlebnis und Genuss 34

Ausrüstung 37
- Strategische Basis 38
- Software – Bekleidung und Schuhe 38
- Hardware – technische Grundausstattung 40
- Notfallausrüstung 46
- Wenn es steiler wird 49

Orientierung im Gelände 53
- Die topografische Karte 54
- Der Höhenmesser 57
- Der Peilkompass 57
- Von der Karte ins Gelände und zurück 59
- Natürliche Orientierungshilfen ... 62
- Orientieren mit GPS 67
- Navigation mit der Handy-App ... 69

Gehen, Steigen, Klettern 75
- Unterwegs in Fels und Eis 76
- Gehen in Schnee und Firn 77
- Abfangen von Stürzen im Schnee . 79
- Stufenschlagen 80
- Vertikalzackentechnik auf dem aperen Gletscher 81
- Am Firngrat 89
- Klettern im steilen Eis 90
- Klettern im kombinierten Gelände 94

Sicherungspraxis 97
- »Angemessen sichern« 98
- Knoten 98
- Die Gletscherseilschaft 104
- Fixpunktsicherung – Standplatzbau in Schnee und Eis 109

Am Rochefortgrat im Mont-Blanc-Gebiet

Inhalt

Kombinierte Kletterei im Wallis

Fixseile und Seilversicherungen
begehen 115
Firn- und Felsgrate begehen 119
Abstieg und Abseilen 123
Die Seilschaft in Bewegung 127

Notfälle meistern 131
Rückzug 132
Vom Erlebnis zur Erfahrung 132
Alpine Gefahren
erkennen und bewerten 132
Unfallursachen 133
Vorbereitet sein:
Was tun im Notfall? 143
Bergung im Steilgelände 148
Bergung aus der Spalte 152
Biwak – sicher durch die Nacht .. 158

Wasserfall- und Mixedklettern 161
Eisklettern 162
Die Materie Eis 162
Bewertung der
Schwierigkeiten 163
Spezielle Klettertechniken
für gefrorene Wasserfälle 164
Mixedklettern 167
Strategie im Wasserfall 174

Beispieltouren 179
Hochtour »live« 180
Similaun, 3599 m – Normalweg
von Westen über das Niederjoch
(Similaunhütte) 180
Großvenediger, 3674 m –
Normalweg von Süden über
Defreggerhaus 184
Allalinhorn, 4027 m – Normalweg
über den Westnordwestgrat von
Mittelallalin 188
Mönch, 4107 m – Normalweg über
den Südarm des Ostgrates 194
Breithorn, 4164 m – Überschreitung von Ost nach West ... 198
Piz Palü, 3900 m – Bumillerpfeiler 202

Anhang 209
Wetter 210
Umweltaspekte 215
Literatur, Telefonnummern
und Internet 218
Register 220
Impressum 224

Träume sind da, um sie zu verwirklichen

Die Berge und das Klettern bedeutet mir viel mehr als nur Erfolge, Schwierigkeitsgrade und Rekorde. Allerdings ist der Weg oft mühsam und voller Entbehrungen, dennoch machen mich diese Entbehrungen reich.
Den Weg an die Spitze musste ich mir erarbeiten. Kleine Ziele wurden zu großen. Träume werden zur Realität.
Jedoch erfordert dies jede Menge Training, großes Durchhaltevermögen und konsequentes Arbeiten an meinen Schwächen.

Die Größenordnung eines Zieles hängt vom Erfahrungswert und Können ab. Die realistischen Chancen sollten überwiegen und das objektive Risiko sollte eingeschätzt werden können. Diese Erfahrungen sammelt ihr nur in den Bergen.
Lasst euch von Misserfolgen nicht einschüchtern. Ich selbst habe am meisten durch meine gescheiterten Expeditionen gelernt.

Dieses Buch soll dem Leser ein Begleiter auf dem Weg zum Ziel sein.

Und das Wichtigste: Verliert euer Ziel nicht aus den Augen!

Eure Ines Papert

Khumbu-Region, Nepal

Faszination Fels und Eis:
Für alles gibt es eine Lösung!

Das klassische Bild einer Hochtour vermittelt eine Seilschaft, die über den Gletscher stapft. Über Gletscher laufen erscheint Nichtalpinisten noch halbwegs vermittelbar. Aber steile Eiswände und mit Eis und Schnee überzogene Felsen hinaufklettern? Die brasilianische Schwiegermutter des einen Autors kennt dies nur von Fotos und hat große Angst. Hier ist er schon, der wunde Punkt: Keiner von uns Bergsteigern hat alles im Griff. Gerade in Fels und Eis mit den vielen Gefahren, die nicht von einem selbst herrühren, sondern von oben herunterfliegen wie die Séracs am Mont Blanc, die 2008 und 2012 an zwei Tagen allein 17 Menschen töteten. Darunter befanden sich erfahrene Bergführer, die wie alle Hochtouristen gehofft hatten, nicht zur falschen Zeit am falschen Ort zu sein. Bergsteigen ist gefährlich und kann tödlich sein. Dennoch kann jeder bewusst (»Unfälle durch herabstürzende Séracs sind bei bestimmten Touren nicht ganz auszuschließen!«) und verantwortungsbewusst (»Schwere Mitreißunfälle sollten bei umsichtigem Verhalten nie vorkommen!«) mit Gefahren umgehen. Nicht zuletzt hat jeder immer eine Trumpfkarte im Ärmel: Demut. Ein etwas angestaubter Begriff, aber: Der Berg ist groß und du bist klein. Ich auch. Zusammen sind wir ein bisschen größer. Was bleibt: Hochtouren sind eine einzigartige Möglichkeit, faszinierende Naturerlebnisse, körperliche Herausforderungen und Gemeinschaftserfahrungen zu kombinieren.

Unfälle passieren nicht einfach. Sie sind meist das Ende einer Fehlerkette, die viel früher angefangen hat. Manchmal schon daheim bei der Planung. Psychologische Faktoren spielen dabei eine Rolle und nehmen deshalb im Kapitel »Strategie, Risiko und Erlebnis« viel Platz in einem Buch über Hochtouren ein. Andere Aspekte wie Ausrüstung, Fortbewegungstechniken, Orientierung, Sicherungspraxis und Notsituationen kommen nicht zu kurz. Extremere Hochtouren führen auch in felsiges Gelände. Was die Absicherung und Fortbewegung im reinen Fels angeht, empfehlen wir die hervorragenden Outdoor-Praxis-Bände »Bergsteigen« und »Alpinklettern«.

Wir haben versucht, unsere Erfahrung, unseren Humor und unsere Begeisterung einzubringen. Hochtouren gehen bedeutet viel Handwerk und, besonders in Sachen Absicherung, »Improvisation unter Beachtung von Regeln«. Wer dieses (Kunst-)Handwerk beherrscht, hat tatsächlich für alles eine Lösung – auch wenn diese mal Umkehr heißt. Dieses Buch geht nun in die 4. aktualisierte Auflage, das freut uns sehr. Inzwischen ist viel passiert: Beim Gletscherschwund kann man fast zuschauen, die Pandemie hat den Drang ins Gebirge noch verstärkt – weitere Gründe, mental und körperlich gut vorbereitet die Steigeisen anzulegen. Dazu hoffen wir weiterhin hiermit einen kleinen Beitrag leisten zu können.

Vor dem Start geben wir noch ein abgewandeltes Zitat zum Besten, das als Appell verstanden werden darf: »Der beste Hochtourist ist der, der mit viel Spaß alt wird!«

München und Köln, April 2022
Franz Hölzl und Tobias Bach

Expeditionsbergsteigen – hier im Hochlager des Alpamayo, 5947 m, am Abend vor dem Aufstieg zum Gipfel. Cordillera Blanca, Peru.

Alpine Spielformen zwischen Fels und Eis

Alpine Spielformen zwischen Fels und Eis

Was bedeutet »Hochtour«?

Verlassen wir einmal die begrenzte Sichtweise eines leider kurzen Menschenlebens, dann kommen und gehen die Gletscher wie vieles andere auf der Erde, was vergänglich ist. Trotz großer Schwankungen von Länge und Mächtigkeit haben Gletscher jedoch für den Bergsteiger etwas Beständiges, das *Hochtourengehen* von anderen Alpindisziplinen unterscheidet: Es findet im *vergletscherten* Hochgebirge statt. Die Saison für Gletschertouren (exklusive Wintersport) ist kurz und dauert in den Alpen von Mitte Juni bis ungefähr Mitte oder maximal Ende September. Dabei ist die Höhenlage ebenso zu berücksichtigen wie die Wetterentwicklung seit dem jeweils letzten Winter: Zu viel Schnee im Frühsommer bedeutet mühsames Gehen und tückisch eingeschneite Spalten, zu wenig Schnee im Herbst Absturzgefahr im Blankeis und vermehrten Steinschlag.

Gletscherwandern

Hierbei wird der Gletscher betreten, seine Steilheit ist mit 20–25° jedoch so moderat, dass nie geklettert werden muss und ggf. Steigeisen nur auf dem aperen (schneefreien) Gletscher angelegt werden, um nicht auszugleiten. Der Pickel dient allein als Stützpickel, nicht zum Klettern. Beispiele für Gletscherwanderungen (oder auch Gletschertouren, Gletschertrekking) sind der Aufstieg von der Gletscherstube zum Jungfraujoch (Berner Alpen, Schweiz) oder die Hohe Riffl von der Oberwalderhütte im Groß-

Klassische Hochtourenziele wie hier die Zumsteinspitze im Wallis werden für allerlei Propaganda missbraucht – im Hintergrund die Capanna Margherita, höchste Hütte der Alpen.

Hochtour klassisch

Gletschertrekking am Aletschfirn – auf dem größten Alpengletscher unterwegs zum Jungfraujoch

KURZ UND KNAPP

Bei Hochtouren wird normalerweise ein Gletscher betreten. Dieser verändert sich während eines normalen Sommers stark. Wie lang die Saison dauert, hängt auch von der Höhenlage und den Witterungsverhältnissen ab. Die Hütten passen sich dem mit ihren Öffnungszeiten an.

Hochtour klassisch

glocknergebiet (Österreich). Eine Gletscherwanderung erfordert zwar technisches Know-how, da es ja auch auf dem flachen Gletscher Spalten gibt, stellt jedoch keinerlei Anforderungen an Klettekönnen und Schwindelfreiheit. Eine Gletscherwanderung (oder -tour, -trekking) ist im Wesentlichen felsfrei. Nicht unterschätzt werden darf die Höhenakklimatisation, da alpine Gletschertouren immer über 3000 m verlaufen und in den Westalpen sogar knapp über 4000 m.

Im Gegensatz zur Gletschertour bewegt man sich hier in Eis und Fels und über längere Abschnitte im Absturzgelände: Beim Klettern im Fels müssen »die Hände aus dem Hosensack«, in Firn und Eis machen Steilheiten von ca. 30–40° Sicherungen erforderlich. Auch die konditionellen Anforderungen einer Hochtour liegen im Schnitt deutlich höher als beim Gletscherwandern. Dadurch müssen Sicherungsmittel für Fels und Eis mitgeführt werden und angemessene Bewegungsfertigkeiten mit und ohne Steigeisen/Pickel vorhanden sein. Beispiele für Hochtouren sind:

Felsbetont: Ortler-Normalweg. Die Schwierigkeiten liegen hier in der langen Kletterei am Tabarettagrat zu Beginn und, in womöglich erschöpftem Zustand, am Ende der Tour.
Eisbetont: Dufourspitze/Monte Rosa. Mit fast 1800 Höhenmetern Anstieg ist diese Hochtour

konditionell anspruchsvoll. Kurz unter dem Silbersattel wird es im Firn mal sehr steil. Die Felskletterei zum Gipfel ist zwar auch nicht ganz ohne, aber mit Fixseilen entschärft und sehr kurz. Das Wort *Bergsteigen* benutzen manche synonym mit Hochtourengehen, andere sagen Bergsteigen zu allen Alpindisziplinen.

Kombinierte Touren

Wie der Name schon sagt, steht hier die Kombination aus Anforderungen in Fels und Eis im Vordergrund. Im Gegensatz zur Hochtour findet die kombinierte Tour jedoch überwiegend im Klettergelände statt. Im Fels werden Schwierigkeitsgrade geklettert, die bereits beim Sportklettern als anspruchsvoll gelten, die Steilheiten im Eis liegen bei 60–90°. Da sich das Gelände immerzu ändert, muss man auch mit Steigeisen im Fels filigran klettern können. Zu den taktisch-technischen Anforderungen (natürlich auch bzgl. der kreativen Absicherung) kommt die Bedingung einer hohen psychischen Stabilität des Hochtourengehers, da immer wieder Situationen entstehen können, wo man in der Absicherung zwar den Totalabsturz vermeiden kann, nicht aber einen weiten Vorstiegssturz mit entsprechenden Konsequenzen. Stein- und Eisschlaggefahr sind ständige Begleiter. Beispiele sind die großen Nordwände der Alpen (Eiger, Matterhorn, Grandes Jorasses, …), aber auch lange und anspruchsvolle Grattouren wie der Peutereygrat auf den Mont Blanc.

Eiswände

Das Wort scheint selbsterklärend, doch es handelt sich nicht »um die Kante eines Eiswürfels in Groß«. Das klassische Eisklettern findet in den Eiswänden der Alpen statt. Sie

Ortler, Tabarettagrat. Einige schwierige Stellen sind mit griffigen Ketten versichert.

Eiswände

Der gesamte Peютereygrat darf schon aufgrund seiner Länge zu den großen kombinierten Fahrten gerechnet werden: Bevor man auf der Aiguille Noire das erste Mal Schneekontakt bekommt, hat man schon 50 Seillängen, davon 15 im VI. Grad, über den abgebildeten Zackengrat hinter sich. Und vielleicht auch ein Biwak …

sind im Schnitt 45–60° steil, bestehen, wenn man zur richtigen Zeit kommt, aus gutem Trittfirn und nicht aus blankem Eis und bilden durchgehende Wände ohne Strukturen wie am Obergabelhorn (Nordwand) oder mehr oder weniger breite Rinnen (Couloirs) zwischen den Felsen wie in der Pallavicinirinne am Großglockner. Hat man eine kluge Strategie in Fortbewegung und Absiche-

> **EXPERTENTIPP**
>
> Die Begriffe *Hochtour – Bergsteigen – Kombinierte Tour* sind ungenau und werden oft falsch gebraucht. Aussagekräftiger ist der in einem anerkannten Tourenführer oder im Internet angegebene Schwierigkeitsgrad nach der SAC-Hochtourenskala (siehe Kapitel »Strategie, Risiko und Erlebnis«).

Dieses Bild entstand 2005 in der »Gurgel«, einer Eisrinne, die von Norden zum Ostgrat des Piz Bernina führt. Mittlerweile ist die Tour aufgrund des Klimawandels nur noch im Winter möglich.

Wasserfallklettern. In den 90er-Jahren machten es nur ein paar Freaks, jetzt muss man gebietsweise schon unten anstehen. Am Kolumbusfall im Maltatal/Kärnten – wo das Eisklettern mittlerweile leider größtenteils verboten ist.

rung, kann man kaum schneller auf einen Berg gelangen als in einer Eiswand mittlerer Steilheit. Aufgrund des Klimawandels wird die Eisauflage in vielen Touren jedoch immer dünner oder verschwindet ganz, was dazu führt, dass viele klassische Wände nur noch im Frühling oder gar nicht mehr begehbar sind, obwohl sie in der Führerliteratur (noch) beschrieben werden. Ein Blick auf das Erscheinungsjahr des Führers ist daher wichtiger als bei Kletterführern.

Vom Wasserfall zum Everest – Sonderformen

Wasserfallklettern

Das Klettern an gefrorenen Wasserfällen im Hochwinter erfreut sich zunehmender Beliebtheit. Durch exakte Schwierigkeitsbewertungen, hervorragende Spezialausrüstung und gute Dokumentation ist der Zugang zu dieser Spielart seit Beginn des Jahrtausends deutlich erleichtert worden. Im Unterschied zur Eiswand, wo es vor allem darum geht, Frontalzacken der Steigeisen und Pickel ökonomisch zu setzen, nutzt der Wasserfallkletterer filigrane Strukturen des Eises und wendet dabei (fast) die ganze Palette der Bewegungsmuster des Sportkletterns an. Ein gravierender Unterschied zum Sportklettern ist jedoch, dass man trotz hervorragender Absicherung (zur Verlässlichkeit von Eisschrauben siehe Kapitel »Sicherungspraxis«) Stürze vermeidet, da man sich mit dem ganzen spitzen Ausrüstungszeugs (Steigeisen mit aufgestellten Frontalzacken, Handgeräte, ...) auch bei kleinen Stürzen schnell verletzen kann. Gefrorene Wasserfälle bilden sich überall in den Alpen, teilweise auch außeralpin (etwa in Sachsen oder im schweizerischen Jura), sowohl im Kalk als auch im Urgestein.

Steileisklettern

Eisklettern mit modernem Material und verbesserter Fortbewegungstechnik – ursprünglich entwickelt in den »Gullies« (eisgefüllte Rinnen in den schottischen Bergen) –, heute ebenfalls alpenweit betrieben, findet in alpinen Eiswänden bis 90° Steilheit statt.

Drytooling und Mixedklettern

Die »Tools« sind Eisgeräte und Steigeisen, »dry« kann es nur am Fels sein. Hier werden die Pickelhauen und Frontalzacken benutzt, um im Fels zu klettern. Meistens wird dies an kleinsten Strukturen praktiziert, um zu freihängenden Eiszapfen in schwersten *Mixedrouten* zu gelangen. Diese wiederum stellen die Kombination aus Fels- und Eiskletterei dar. Da diese Spielarten noch immer einem eingeweihten Expertenkreis zugeordnet werden, sind ausgewiesene Mixedrouten meist sehr anspruchsvoll.

Expeditionsbergsteigen

Der Begriff hält sich hartnäckig, obwohl bei den allermeisten Touren in den Bergen der Welt nichts mehr expediert, also erforscht wird, sondern allenfalls erstbegangen. Es ist ein Sammelbegriff für Spielarten des Bergsteigens, welche in den hohen Gebirgen bes.

Wer beim Drytooling lange Freude an seinen Eisgeräten haben will, sollte sie nicht in die Wand hämmern – die ist nämlich stärker.

Alpine Spielformen zwischen Fels und Eis

Mixedklettern in Cogne/Italien

Asiens (Himalaja) und Amerikas (Rocky Mountains, Anden) ausgeübt werden. Besonders »hip« sind z. Zt. beispielsweise arktische Gebiete (wie Baffin Island) für anspruchsvolle Kletterexpeditionen.

Höhenbergsteigen
Dieser Begriff wird oft synonym zum Expeditionsbergsteigen gebraucht, betrifft jedoch Gipfel oberhalb von ca. 5500 m Seehöhe bis zum »dritten Pol«, dem Mt. Everest auf 8848 m, deren Besteigung eine angemessene Akklimatisationstaktik erfordert. Diese kann sich bei 8000ern über mehrere Wochen erstrecken. Wer bereit ist, 6-stellige Beträge für einen 8000er zu zahlen, kann mittlerweile auch einen Teil der Akklimatisation zu Hause durchführen. Mithilfe eines Generators wird der relative Sauerstoffanteil in der Luft reduziert und somit ein Höhenaufenthalt – meist über Nacht in einem Hypoxiezelt – simuliert. Als Spiegel der Zeit haben sich verschiedene Begehungsstile herausgebildet. Die wichtigsten Oberbegriffe sind dabei der Expeditionsstil und der Alpinstil: Beim Expeditionsstil wird unter großem logistischem und finanziellem Aufwand mithilfe meist einheimischer Träger eine Hochlagerkette vom Basislager zum Gipfel aufgebaut, welche dann bei hoffentlich gutem Wetter von den Bergsteigern durchlaufen wird. Auch Doping

Zustieg Richtung Alpamajo, Cordillera Blanca, Peru

(Benutzung von Flaschensauerstoff, »Medikamente« wie Diamox, mitunter sogar Viagra zur Durchblutungsförderung) ist hier, besonders bei kommerziellen Expeditionen, eher Normalität als Ausnahme. Beim Alpinstil dagegen versucht der ausreichend akklimatisierte Bergsteiger, den Gipfel in einem Zug vom Basislager zu erreichen. Alles, was er dazu braucht, trägt er selbst in seinem Rucksack. Eine konsequente Mount-Everest-Begehung im Alpinstil erfolgte 1996 durch Göran Kropp aus Schweden. Er startete in seiner Wohnung in Stockholm. Mit dem Fahrrad und der gesamten Expeditionsausrüstung. Und nach erfolgreicher Besteigung ist er auch wieder zurückgefahren. Großer Sport!

> **KURZ UND KNAPP**
>
> Was als Expedition bezeichnet wird, ist oft Höhenbergsteigen über 5500 m. Echte Expeditionen, bei denen neue Regionen erschlossen werden, finden heute überwiegend in arktischen/antarktischen Felsregionen statt. Erstbegehungen von Wänden sind heute meist nur noch in den höchsten Schwierigkeitsgraden möglich.

Abstieg vom Himlung Himal, 7126 m. Große Eisblöcke (Seracs), wie hier oberhalb der Bergsteiger bilden eine der großen Risiken beim Hochtourengehen, da sie unvermittelt einstürzen können.

Strategie, Risiko und Erlebnis

Von der Idee zur Tour

Im 18./19. Jahrhundert waren es keine Bergsteiger, die angesichts der Alpen als Erste auf die Idee kamen, da hochzusteigen. Zuvor interessierten sich die Landschaftsmaler bei der Suche nach Motiven für die Berge. Erst als deren großformatige Ölbilder spektakulärer Wände, Gletscher und Berge in München, Wien und London zu sehen waren, wurden junge Abenteurer von dem gleichen Antrieb erfasst wie wir heute: Da will ich hin, da will ich rauf! So kam die Zeit der großen Erstbegehungen.

Vor dem Wollen steht also die Idee, es folgen Planung und Gestaltung. Und Gestaltungsmöglichkeiten gibt es bekanntlich viele. Folgende Checkliste kann helfen, sich über die eigenen Motive klar zu werden und dafür auch passende Partner zu finden:

Wer über den Normalweg auf den Mont Blanc will, nimmt eine stets überfüllte Hütte als »notwendiges Übel« hin und ein absurdes Buchungsprocedere. Viele Hochtouren gleicher Schwierigkeit unterscheiden sich aber fundamental in den Rahmenbedingungen bzgl. Hütten, Anreise etc. Sind die Motive klar, kann nach Touren gesucht werden, deren technisch-konditionellem Anspruch alle Teilnehmenden gewachsen sind. Dabei helfen Schwierigkeitsskalen.

Routenbeschreibungen und Schwierigkeitsbewertungen

Schwierigkeitsbewertungen sind DAS Hilfsmittel der Tourenplanung. Deshalb werden sie hier etwas ausführlicher behandelt. Touren scheitern seltener wegen schlechten Wetters oder ungünstiger Verhältnisse, aber häufiger, weil Selbsteinschätzung und gewählte Tour einfach nicht zusammenpassen wollen. Wenn man Leute befragt, welche die betreffende Tour schon gemacht haben, darf man nicht vergessen, dass die Aussagen von

Dass ich ...	sehr wichtig	wichtig	eher gleichgültig	völlig egal
auf »urigen« Hütten bin				
Gipfelziele erreiche				
namhafte Touren wie den Biancograt mache				
in einer entspannten, netten Gruppe unterwegs bin				
Komfort auf der Hütte habe				
mich in schöner Landschaft bewege				
nicht in gefährliche Situationen komme				
viele Höhenmeter absolviere				
hohe Schwierigkeitsgrade meistere				

Motivtabelle: Wie gewichtet man Motive? Wer diese Tabelle bei einem gemütlichen Bierchen gemeinsam mit dem Partner durchgeht, kann sich eine Menge Ärger ersparen und den Partner besser kennenlernen. Wie in einer guten Ehe!

Routenbeschreibungen und Schwierigkeitsbewertungen

> **EXPERTENTIPP**
>
> Hochtouren sind ein Spiel, das man auf unzählige Arten spielen kann. Nutze die Chance der Gestaltung und suche den Partner nicht nur nach Verfügbarkeit, die Tour nicht nur nach dem Schwierigkeitsgrad aus!

der Emotionalität der Erlebnisse unterwegs gefärbt sind. Zum Spaß habe ich mal auf der Johannishütte gefragt, wie schwer denn der Normalweg auf den Großvenediger sei. Von Spaziergang (»Kannst mit dem Radl rauffahren«) bis Nahtoderlebnis (»Niiiiee wieder ohne Bergführer«) war als Antworten alles dabei, dabei sprachen wir vom selben Tag. Schwierigkeitsbewertungen sind also nichts anderes als der Versuch, die Anforderungen einer Tour anhand von relativ statischen topografischen Gegebenheiten zu objektivieren und damit vergleichbar zu machen. Wer sich bei einer »ziemlich schwierig«-Tour der Schweizer Hochtourenskala rundum wohlgefühlt hat, darf damit rechnen, dass dies bei der nächsten Tour dieser Kategorie ähnlich sein wird.

So einfach wie beim Hallenklettern (6a und fertig ...) ist es jedoch nicht: Höhenmeter, Kletter-Schwierigkeitsgrade im Fels, Steilheit im Eis, Orientierung, Rückzugsmöglichkeiten ... all dies ist zu gewichten. Hochtourengehen ist komplex und dynamisch. Eine Bewertung, die einfach die technische Anforderung der *Schlüsselstelle* benennt, würde zu kurz greifen. Mit wenigen Kategorien umfassend zu informieren ist eine Kunst, welche die Schweizer mit ihrer Skala am besten beherrschen.

Die SAC-Skala zur Schwierigkeitsbewertung von Hochtouren

Wie in der Grafik ersichtlich, sind die Übergänge zwischen den Schwierigkeitsgraden und die Abgrenzung zu anderen Bergsportdisziplinen fließend. Eine Hochtour ist im-

»Werden« aus dem Alpentriptychon (1898–99) von Giovanni Segantini

Strategie, Risiko und Erlebnis

Grad	Fels	UIAA-Grad	Firn und Gletscher	Beispiele	
L leicht/facile F	Einfaches Klettergelände, das den Gebrauch der Hände erfordert (Geröll, einfacher Blockgrat). Es ist die einfachste Form des Felskletterns. Anfänger müssen am Seil gesichert werden.	ab I	Einfache Firnhänge, kaum Spalten	Wildhorn Normalroute, Sommet des Diablerets, Breithorn Normalroute	G1 G2
- WS wenig schwierig/ peu difficile PD +	Einfaches Klettergelände, das den Gebrauch der Hände erfordert (Geröll, einfacher Blockgrat). Es ist die einfachste Form des Felskletterns. Anfänger müssen am Seil gesichert werden.	ab II	In der Regel wenig steile Hänge, kurze steilere Passagen, wenig Spalten. Rückzug immer möglich.	Balmhorn Normalroute, Aiguilles du Tour, Aletschhorn Normalroute	G3 G4 G5
- ZS ziemlich schwierig/ assez difficile AD +	Es muss wiederholt gesichert werden. Routinierte Seilhandhabung und guter Routensinn erforderlich. Bereits recht lange und exponierte Kletterstellen vorhanden.	ab III	Steilere Hänge, gelegentlich bereits Standplatzsicherung notwendig. Viele Spalten, kleiner Bergschrund. Rückzug unter Umständen bereits problematisch.	Mönch Normalroute, Mont Blanc de Cheilon, Piz Bernina Biancograt, Matterhorn Hörnligrat/Liongrat	G6 G7 G8
- S schwierig/difficile D +	Guter Routensinn und effiziente Seilhandhabung notwendig. Kletterstellen sind lang und erfordern häufig Standplatzsicherung.	ab IV	Sehr steile Hänge, meistens Standplatzsicherung erforderlich. Viele Spalten, großer Bergschrund. Rückzug nur noch selten möglich.	Eiger Mittellegigrat, Schreckhorn-Lauteraarhorn-Traversierung, Matterhorn Zmuttgrat	G9 G10 G11
- SS sehr schwierig/ très difficile TD +	In den schwierigen Abschnitten durchgehend Standplatzsicherung notwendig. Wandrouten oder große Gratrouten mit sehr anspruchsvollen und anhaltenden Kletterpassagen. Touren dieser Schwierigkeit zählen zu den großen Unternehmungen der Alpen.	ab V	Anhaltendes Steilgelände, durchgehende Standplatzsicherung.	Doldenhorn Ostgrat, Mont Blanc de Cheilon Nordwand Direktroute, Matterhorn Furggengrat	G12 G13 G14
- AS äußerst schwierig/ extrêmement difficile ED +	Wanddurchstiege, welche größtes Engagement erfordern.	ab VI	Sehr steile und senkrechte Stellen erfordern Eisklettern.	Breithorn (Lauterbrunnen) Nordwand, Eiger-Nordwand klassische Route	G15 G16 G17
- EX extrem schwierig/abominablement difficile ABO +	Keine wörtlichen Entsprechungen mehr.	ab VII		Eiger-Nordwand Tschechenroute	G18 G19 G20

SAC-Hochtourenskala. Ganz rechts die G-Skalierung der älteren Alpenvereinsführer aus dem Rother-Verlag

Routenbeschreibungen und Schwierigkeitsbewertungen

mer auch eine Wanderung, oft auch eine Kletterei! Ein gutes Beispiel für einen Hochtourenklassiker ist der Ortler-Normalweg: Zunächst handelt es sich um eine anspruchsvolle Alpinwanderung mit absturzgefährlichen Stellen zur Payerhütte, dann folgt ausgesetztes Klettergelände am Tabarettagrat, welches ohne die entschärfenden Ketten mit dem III. Schwierigkeitsgrad (UIAA) bewertet wäre; die Ketten wiederum machen das Ganze zum Klettersteig, welcher nach der Hüsler-Klettersteigskala wohl mit B bewertet wäre. Dann erst fängt die eigentliche Hochtour an – im unterschiedlich steilen Firn über den Gletscher, mit Felskontakt nur auf den letzten Metern zum Gipfel; Stellen im Eis um 35°, also ZS.

Die in den älteren Ausgaben der deutschen AV-Gebietsführer aufgeführte *Westalpenskala*

> **KURZ UND KNAPP**
>
> Das komplexe Anforderungsprofil von Hochtouren wird in der SAC-Westalpenskala am besten wiedergegeben. Die G-Bewertung deutscher AV-Führer ist damit identisch. Wie wir mit dem jeweiligen Schwierigkeitsgrad zurechtkommen, hängt vom Wetter und den Verhältnissen ab, also beispielsweise, ob Kletterfelsen eingeschneit oder gar vereist sind, ob wir von einem Gewitter überrascht werden, und vielem mehr.

ist identisch – nur dass bei der parallelen Bewertung von G1-20 zur Ausdifferenzierung jeweils 3 Stufen (in der ersten Stufe *L – leicht* nur 2) abgedeckt werden. Die SAC-Skala hat sich heute alpenweit durchgesetzt. Auch die französische Skala ist analog aufgebaut:

Etwas Neuschnee, diffuse Sicht, keine Spur. Plötzlich ist alles nicht mehr lustig. Konflikte in der Gruppe brechen auf. Auf dem Weg zum Jungfraujoch

Leicht – facile
Wenig schwierig – peu difficile (pd)
Ziemlich schwierig – assez difficile (ad)
Schwierig – difficile (d)
Sehr schwierig – très difficile (td)
Äußerst schwierig – extrêmement difficile (ed)
Extrem schwierig – abominablement difficile (abo)
Abominablement difficile wird in den älteren AV-Führern lustigerweise mit »abscheulich schwierig« übersetzt – klingt nicht gerade einladend.

Die selbstkritische Auseinandersetzung mit der Schwierigkeitsanforderung sollte also am Beginn jeder Tourenplanung stehen. Selbstkritisch bedeutet hier: Wenn ich bei besten Verhältnissen eine ZS-Tour mit Bergführer gut bewältigt habe, heißt das nicht, dass ich Gleiches im Hagelsturm ohne Bergführer zu leisten imstande bin!

> **EXPERTENTIPP**
>
> **Gruppenkompass**
> **(mod. nach Haltmeier/Bach 2012)**
> › Wenn Experten wie Hüttenwirt und Bergführer zur Hand sind: Es ist ein Zeichen von Stärke, diese nach den Verhältnissen zu fragen!
> › Tourenplanung: Zu jedem Zeitpunkt alle einbeziehen!
> › Tourenplanung: Schlüsselstellen definieren, um sich dort zu strukturierten Entscheidungen zu zwingen!
> › Zeitplanung: »Wenn wir nicht um 11.00 Uhr am Gipfel sind, kehren wir wegen der Gewitterwarnung um.«
> › Bei Durchquerungen einen »point of no return« definieren!
> › Entscheidungssackgassen, erzeugt durch absolute (Gipfel-)Versprechungen, vermeiden!
> › Klare Aufgabenteilung in der Gruppe – wer hat am meisten Erfahrung und kann Führungsaufgaben übernehmen?
> › Für die Bedürfnisse anderer offen bleiben – was passiert, wenn wir wegen des »schwächsten Glieds« nicht auf den Gipfel kommen?
> › Regelmäßig lockere Feedbackgespräche anregen!
> › Ballistik (Escalation of Commitment) vermeiden (s.u.)!
> › Notfallmanagement durchsprechen: Was ist im Fall des Falles zu tun?

Faktor Mensch: Ich, die Gruppe, der Berg

Bevor wir zum Handwerk der Tourenplanung kommen, muss es »menscheln«. Die »shit happens«-Unfälle, bei denen Alpinisten einfach nur Pech hatten, machen heute weniger als 25 % der Bergunfälle aus. Selbst wenn das Material bei einem modernen Bergseil versagt (Seilriss), ist es vermutlich falsch eingesetzt worden. *Wir* haben einen *Verhaltensfehler* gemacht! Nicht der Berg steckt voller Fallen, sondern unsere Wahrnehmung, unser Entscheiden, unsere Kommunikation und weitere soziale Prozesse. Wir stellen einige typische Probleme vor, anschließend schlagen wir Verhaltensregeln vor, welche die Eintretenswahrscheinlichkeit dieser Probleme vermindern sollen.

Was hat das Wetter mit Psychologie zu tun? Eine Menge! Bei strahlendem Sonnenschein sind wir gut drauf, fühlen uns wohl und schwere Touren erscheinen uns leicht. Bei schwarzen Wolken am Himmel schlägt sich die Düsternis auch auf unsere Situationseinschätzung nieder – wer kennt das nicht? In der Aufsicht erscheint ein Hang viel steiler als von der Seite. Je nach Befindlichkeit suchen und finden wir im Gelände Zeichen, die bestätigen, dass es eben geht; oder wir haben eine Menge Angst im Rucksack und *katastrophieren* alles, was wir sehen. Da wird jede Schönwetterwolke zum Gewitteramboss.

Wir würden gerne umkehren, weil wir viel zu spät dran sind – können aber nicht, weil wir unserer hübschen Begleiterin »eine spektakuläre Aussicht auf Innsbruck« versprochen haben. Nur deshalb ist sie ja mitgekommen. So viel zum Thema Entscheidungsfreiheit …
Solche Beispiele lassen sich beliebig fortführen. Sie alle zeigen, dass wir keinesfalls rational handeln, sondern immer eingebettet in Gefühle, Motive und Beziehungen entscheiden. Als Navigationshilfe durch diesen Entscheidungsdschungel geben wir im »Gruppenkompass« praxisnahe Verhaltenstipps. Erläuterungen zum Gruppenkompass:

> **KURZ UND KNAPP**
>
> Die Informationen, die man auf der Hütte bekommen kann, sind aktuell, detailbezogen und damit Gold wert. Kommunikationsfehler können durch klares, sachbezogenes Fragen vermieden werden. Informationen von Bergführern/Hüttenwirten haben allgemein den Vorteil, weniger emotional gefärbt zu sein.

Gespräche mit Bergführern

Wenn ich als Bergführer auf der Hütte als solcher zu erkennen bin, werde ich immer wieder gefragt: »Wie lange braucht man von x nach y?« Eine Frage, bei der auch Hüttenwirte wahlweise genervt die Augenbrauen hochziehen bzw. milde lächeln. Ich versuche,

Gruppe mit Tunnelblick. Ist man bereits im Tunnel, ist der Weg »alternativlos«. Dies ist aber ein Mythos. Es gibt immer eine – oft ungewöhnliche – Alternative. Die fällt einem aber eher ein, wenn man den offenen Himmel noch über sich hat …

Strategie, Risiko und Erlebnis

Raufrost (Anraum) durch Neuschnee verändert die Kletterei doch deutlich. Am Südwestsporn der Aiguille du Tour, Mont-Blanc-Gruppe

das Gespräch auf die Sachebene zu heben, ohne eine »Nullantwort« zu geben: »Da ich dich nicht kenne, kann ich dir keine Zeitangabe geben ... es sind 1450 Höhenmeter, du gehst allein 8 km über den Aletschgletscher, in der Passage im Blockwerk kommt man eher langsam vorwärts.« Etc.

Wer sich gut vorbereitet hat, kennt all diese Daten und fragt nach den Verhältnissen – dieses aktuelle Wissen ist das wahre Gold der Tourenplanung: »Wie sieht der Bergschrund zurzeit aus?« »Ist das Grand Couloir schon abgetrocknet?« »Gibt es in der Gipfelquerung Blankeis«? Die letzte Frage beispielsweise kann das ganze Projekt infrage stellen, wenn du nicht genug Eisschrauben dabeihast!

»Bovalscharte geht schon, oder?« Eine Suggestivfrage, die ich als Bergführer offensichtlich abnicken soll – »Klar geht das, für Dani Arnold auch vor dem Frühstück.« ... Also nicht nur sachbezogen antworten, sondern auch so fragen!

Gespräche mit Hüttenwirten

Oft gibt es bei der jeweiligen Hütte ja *die* eine Tour, den Klassiker, den alle machen, weswegen wir auch da sind. Man merkt beim Gespräch mit dem Wirt oder der Wirtin, dass die Beschreibung im Laufe der Jahre immer besser geworden ist ... Hier ist es hilfreich, sich die genaue Route einfach in die Karte einzeichnen zu lassen. Hüttenwirte werden natürlich auch von Bergführern befragt, besonders wenn diese fremd im Gebiet sind. Für solche Gespräche bringe ich stets die Karte und einen Bleistift mit (zum Thema Karte analog und digital siehe Kapitel »Orientierung«). Natürlich steht die Routenbeschreibung im Führer, aber wo genau in diesem Jahr die Spur durch die Spaltenzonen verläuft, weiß meist am besten die Wirtin! Gespräche mit anderen Bergsteigern, welche z.B. die Route an meinem Aufstiegstag gemacht haben ...

... sind mit Vorsicht zu genießen! Denn hier wirkt sich die eingangs bereits beschriebene emotionale Einfärbung voll auf die Beschreibung aus: »Der Abstieg über den Grenzgletscher ist sehr, sehr schwer zu finden.« Da hat sich wohl jemand verstiegen, was bringt mir also die Info? Oder aber die eigentliche Botschaft lautet: Ich hab es gefunden, ob du das auch kannst, ist fraglich ...

Hier gilt noch mehr als bei den beiden Expertengruppen: Sachbezogen nach Schlüsselstellen/konkreten Abschnitten fragen!

Typische Probleme der Gruppendynamik

Escalation of Commitment

Dieser gruppendynamische Effekt wird gern als »ballistisches Verhalten« bezeichnet. Eine Gewehrkugel, einmal abgeschossen, kann ihren Weg nicht mehr verändern. Genau so benehmen sich viele Seilschaften. Wenn die Dinge nicht so laufen wie geplant, verstrickt man sich immer mehr in einer Kette von Fehlern, weil man sich in der Gruppe darin bestärkt, doch das Richtige zu tun – man hat schließlich schon so viel investiert, an Aufstiegsleistung, an Logistik ... und es ist doch nicht mehr weit. Durch solche Fehlerketten werden viele Bergunfälle erklärbar.

Risikoschub – Polarisation von Entscheidungen

Die Sozialforschung hat gezeigt, dass Gruppen besonders bei Risikoentscheidungen dazu neigen, von einem Mittelwert zu einem Extrem zu driften. Dies kann sowohl ein Sicherheitsschub sein, d. h. die Gruppenmitglieder bestärken sich gegenseitig in sicherheitsbetontem Verhalten, als auch ein Risikoschub – riskante Entscheidungen (des Individuums) verstärken sich in der Gruppe, ihre tatsächliche Umsetzung wird wahrscheinlicher. Sicherheitsschieber kommen selten hinauf, Risikoschieber manchmal nicht hinunter – mit einem strukturierten Entscheidungsprozess (siehe unten) können solche negativen Gruppenprozesse vermieden werden.

Der Moment, wenn man die Karte braucht, ist der, wenn man sie äußerst ungern herausholt und aufklappt. Sommerlicher Schneesturm in den südlichen Stubaier Alpen

Tourenplanung Schritt für Schritt

Heuer soll es der Großglockner sein, jawohl! Eine solche Entscheidung reift nicht am Rechenschieber, sondern im Herzen! Natürlich sollte die ausgewählte Tour bewältigbar sein; um dies grundsätzlich abzuklären, gibt es die Schwierigkeitsbewertungen. Zur strukturierten Planung sind zeitliche und inhaltliche Aspekte zu berücksichtigen. Beim hier vorgeschlagenen Ablauf kann man die Fragen Phase für Phase abarbeiten.

Prolog: Die »gleitende Planung«
Der Erfolg einer Bergtour mit dem passenden Schwierigkeitsgrad hängt von drei Faktoren ab:
- den aktuellen Verhältnissen im Gelände unter meinen Füßen
- dem Wetter über mir
- der Verfassung von mir und meinen Seilgefährten

Zu allem Überfluss bedingt das Wetter die Verhältnisse (umgekehrt weniger, auch wenn sich über großen Gletscherflächen oft Wolken entwickeln) und beide zusammen unsere Verfassung. Bestes Beispiel: Schöner harter Trittfirn im Aufstieg (gute Verhältnisse!) nach klarer Nacht (Wetter!) suggeriert gute Fitness, weil es flott vorangeht (Verfassung). Am nächsten Morgen: bedeckter Nachthimmel, Bruchharsch und …
Dies ist nicht zu Hause und nur bedingt am Vorabend vorhersehbar – also muss sich die Tourenplanung gleitend (oder auch rollend wie Schweizer und Militaristen sagen) der Situation anpassen. Dafür braucht es in mehrfacher Hinsicht Fingerspitzengefühl:
- Natürlich kann man auch nach oben justieren: Perfekte Verhältnisse, stabiles Wetter, geschmeidiger Akklimatisationsverlauf ohne Beschwerden – Allalin und Alphubel waren geplant, nehmen wir das Strahlhorn auch noch mit!
- Mit wem bin ich unterwegs? Mit den alten Kumpels (»Was nicht tötet, härtet ab«) oder als »inoffiziell Verantwortlicher« mit lauter Neulingen? Beispiel unruhiger Magen: Wenn der langjährige Seilpartner sich vor der Moräne übergeben muss, kann es auch am bunten Hüttenabend gestern liegen, und ich weiß, danach funktioniert er schon wieder, ist ja nicht das erste Mal. Wenn ein unsicherer Seilpartner dagegen über Durchfall klagt, habe ich einen Hinweis auf eine psychische Belastungssituation und muss zudem aufpassen, dass er nicht dehydriert.
- Wer wegen jeder Unpässlichkeit umkehrt, kommt nirgendwo an. Wer aber nicht umkehren kann (Ballistik!), wird meist nicht alt.

1. Phase: Tourenplanung zu Hause
Anders als bei Skitouren, die von allen Alpindisziplinen am stärksten verhältnisabhängig sind, haben Hochtouristen meist eine klare Vorstellung vom Ablauf ihrer Tour. Erst Hüttenaufstieg, dann Akklimatisationstour, schließlich Gipfeltag auf den XY-Berg, usw. Die erste Phase der Vorbereitung passiert in der Heimat. Nachdem das Ziel also ausge-

> **EXPERTENTIPP**
>
> Der Frühsommer (Ende Mai bis Anfang Juli) ist nicht nur wegen der oft hervorragenden Schnee- und Eisverhältnisse eine beliebte Hochtourenzeit. Es ist auch der Abschnitt mit den längsten Tagen. Im Juni kann man einige Stunden länger klettern als z.B. im Oktober. Dadurch wird es möglich, ganz lange Touren an einem Tag zu klettern.

wählt ist und der Termin steht, sollten folgende Fragen abgearbeitet werden:
- Ist dies die richtige Saison für das ausgewählte Ziel?
- Ist die Hütte bewartet?
- Passt das Ziel wirklich zu allen Teilnehmern meiner Gruppe oder nur zu mir?
- Welche Ausrüstung wird gebraucht? Was davon muss jede(r) haben, was muss nur einmal im Rucksack dabei sein (z.B. Biwaksack, siehe Kapitel »Ausrüstung«). In Zweifelsfällen hilft auch hier ein Anruf beim Hüttenwirt!
- Wie reisen wir an? Falls der Hüttenaufstieg am Anreisetag erfolgt: Ist genügend Zeit eingeplant worden? Abendessen gibt es meist um halb sieben …
- Wie ist das Wetter vor Ort? Ist bei einem späten Aufstieg im Hochsommer mit Gewittern zu rechnen?
- Haben wir reserviert? Das ist heute absoluter Standard – man geht nicht mehr einfach zur Hütte nach dem Motto »Vor die Tür setzen können sie uns ja nicht«. Ebenso sagt man ab, wenn man nicht kommt, damit die Wirte entsprechend planen können.

2. Phase: Das Planungsgespräch am Vorabend

Was dieses Gespräch angeht, habe ich in der Bergführerausbildung viel gelernt. Früher haben wir kaum über das »Wie« der Tour gesprochen. »Morgen aufs Matterhorn, stellst du den Wecker«? Heute halte ich es mit Freunden ebenso wie mit Gästen, ohne dass dadurch irgendeine gezwungene Situation entsteht.

Mit gut gefülltem Magen und nach Austausch einiger Nettigkeiten lege ich die Karte auf den Tisch. Schön ausgebreitet, für alle sichtbar. Als Warming-up zeige ich den Gästen auf der Karte, wo wir heute unterwegs gewesen sind. Dazu habe ich immer einen Bleistift in der Tasche, denn der Finger deckt je nach Dicke auf der 25.000er-Karte einen halben Kilometer ab. Beim gemeinsamen verbalisierten Durchgehen der Tour auf der Karte ergeben sich viele Planungsaspekte wie Zeit, Material oder Überwindung der Schlüsselstellen von selbst und können unmittelbar organisiert werden.

Zeitplanung

Für die Zeitplanung gibt es Formelwerke zur Wegezeitberechnung im Gebirge, besonders die Schweizer haben wahre Algorithmenberge aufgetürmt. Zum Wandern oder zum Skibergsteigen ist das auch recht brauchbar. Für

Auf der Terrasse der neuen Thüringer Hütte, Hohe Tauern. Wie in Politik und Wirtschaft beeinflusst ein angenehmer Rahmen etwaige Meinungsverschiedenheiten bei der Tourenplanung positiv.

das komplexe Wechselgelände bei Hochtouren helfen eher ein paar Eckpunkte, die nun skizziert werden:

- Durchschnittlich schaffen Gruppen ca. 300 Höhenmeter in der Stunde und ca. 4 km in der Ebene. Bei Touren ohne Klettern und Sicherungsmaßnahmen kann man das zugrunde legen.
- Auf flachen Gletschern schafft man zwar immer noch 4 km in der Ebene, aber natürlich keine 300 Höhenmeter. Bei vielen Touren muss man immer erst stundenlang auf dem flachen Gletscher laufen, bevor es endlich mal hinaufgeht (Aletschfirn, Alpeinerferner bei der Franz-Senn-Hütte ...).
- Unübersichtliche Spaltenzonen, bei denen man im Zickzack laufen muss, brauchen sehr viel Zeit.
- Im Klettergelände schließlich, wo man von Stand zu Stand oder im gleitenden Seil sichert, ist die Zeitplanung extrem von der Erfahrung der Partner mit mobiler Absicherung, persönlichem Sicherungsbedürfnis und den Verhältnissen abhängig. Hier ist es besonders wichtig, defensiv zu planen.
- Eine solide Zeitplanung ist nicht für die Akten – besonders bei Überschreitungen ist es wichtig, konkrete Abschnittsziele auch einzuhalten und ggf. am »point of no return« umzukehren.

Fragenkatalog für die zweite Phase als Checkliste

- Wer hat welches Gruppenmaterial?
- Welches Material braucht jede(r)?
- Haben wir unser Frühstück und unseren Tourentee organisiert?
- Falls wir im Dunkeln starten: Haben wir die im Dunkeln zu bewältigende Wegstrecke erkundet?
- Wo müssen wir voraussichtlich sichern bzw. Steigeisen anlegen?
- An welchen Stellen ist unklar, ob und wie es weitergeht?
- Passt unsere Tour zum Wetterbericht?
- Sagt der Hüttenwirt das Gleiche übers Wetter wie unser Smartphone (falls nein, vertrau dem Wirt!)?
- Passt die Zeitplanung zum Wetterbericht?
- Haben alle noch immer die gleiche Motivation für die anstehende Tour wie in Phase 1?

3. Phase: Anpassungen unterwegs

In der Tourenplanung wurden bindende Handlungspläne erstellt. Natürlich kann jeder Plan jederzeit geändert werden – aber dies muss begründet werden. Dadurch entsteht aus dem Planungsgespräch am Abend ein Zugzwang, dem man sich nicht so leicht entziehen kann. Genau dieser Mechanismus ist es, der negative Prozesse wie die eingangs beschriebene *Escalation of Commitment* verhindern soll. Fragen für unterwegs:

- Sind wir im Zeitplan?
- Passt das Tempo oder rasen wir wegen des Zeitplans?
- Wie gehen wir mit Unvorhergesehenem um?
- Wie bewerten wir die Checkpunkte?
- Reicht die Kraft bei allen?

EXPERTENTIPP

Natürlich kann man bei der Tourenplanung die Tour auch zerreden. Unfallanalysen und Erfahrung zeigen jedoch, dass meist eher zu wenig als zu viel über das konkrete »Wie« der Tour gesprochen wird. Dabei sollten in entspannter Runde auch scheinbare Selbstverständlichkeiten erwähnt werden.

Exkurs: Fehlerkultur

Bei einem Spaltensturz ist die Krise schon da. Schwieriger ist es beim Verlaufen: Sind wir schon in der Krise und müssen wir entsprechend alle Energie auf deren Lösung verwenden oder ist das noch normal hier?

- Können wir Schwächere in unserer Seilschaft unterstützen?
- Wie entwickelt sich das Wetter?
- Können/Wollen/Müssen wir die Route in wesentlichen Aspekten ändern?

Am Checkpunkt

Der Checkpunkt kann eine schwierige Kletterstelle sein (»Müssen wir sichern, wer steigt vor?«), ein Bergschrund (»Wo gehen wir am besten rüber?«), eine Spaltenzone (»Links oder rechts vorbei?«) oder einfach eine Weggabelung, wo es gilt, die Einhaltung des Zeitplans zu überprüfen und den Weiterweg zu bestimmen. Oft sieht man den Checkpunkt schon vorher. Dann ist es wenig hilfreich, wenn gleich einer ruft: »Ah, da ist ja der Bergschrund, da gehen wir links durch.« Jeder sollte die Chance haben, sich zuerst ein Urteil zu bilden. Am Checkpunkt gibt es etwas zu trinken und dann wird sich ausgetauscht – so nehmen alle am Entscheidungsprozess teil und es werden mehr Beobachtungen berücksichtigt –; die Wahrscheinlichkeit, zu einer wirklich fundierten Entscheidung zu kommen, steigt.

Exkurs: Fehlerkultur

Fehleinschätzungen sind das tägliche Brot des Bergsteigers. Auch Bergführer, die nicht immer dieselben Routen abspulen, finden nicht jedes Mal die ideale Linie über den Gletscher, schätzen Gehzeiten manchmal falsch ein etc. Auch wenn man mit zunehmender Erfahrung wiederkehrende Muster erkennt: Die Sache ist zu komplex, um alles perfekt zu machen. Wie soll es da erst dem Gelegenheitsbergsteiger ergehen?

Bergsteigen ist ein kreativer Akt, um erfolgreich kreativ zu sein, müssen kleine Verhauer erlaubt sein! Es sollte möglich sein zu

Strategie, Risiko und Erlebnis

sagen, »Oh, da wären wir besser linksherum gegangen, dann hätten wir uns den unangenehmen Schnapper ersparen können«, ohne dass man gleich vom Job des »Steuermanns« entlassen wird. Eine(r) geht ja immer vor – und es darf für die Nachfolgenden kein Problem sein zu sagen: »Du gehst mir heute zu schnell.« Dadurch wird weder sein Gefühl für den Gruppenrhythmus infrage gestellt, noch zeigt der Frager Schwäche – es ist einfach nur eine Rückmeldung zur Anpassung des Tempos!

Damit wird nicht nur eine entspanntere Stimmung in der Gruppe etabliert. Wer kleine Fehler korrigieren kann, ohne dass ihm Zacken aus der Krone fallen, muss keine großen machen. Das Stichwort heißt abermals *Escalation of Commitment* ...

Hochtour als Kunst: Erlebnis und Genuss

»Du bist dümmer als der dümmste Mont-Blanc-Gast!« So schalt unser Kursleiter einst einen Bergführeraspiranten. Was hatte er sich zuschulden kommen lassen? Nicht weniger und nicht mehr, als beim »Frühstück« um 2.00 Uhr morgens auf der Albert-I.-Hütte zu sitzen – im Gurt, mit klimpernden Eisschrauben dran.

Gerade beim nächtlichen Aufbruch sieht man regelmäßig, dass Hochtourengehen für manche ein kriegsähnlicher Zustand ist: mit perfekter Logistik und angelegtem Gurt schnell zweimal in den Zwieback gebissen, einen Schluck Kaffee von gestern Abend heruntergestürzt, Drängeln am Klo und hinein in den

Caipirinha auf dem Cevedale, Ortlermassiv

Knoten, und, während das Seil schon zieht, noch schnell die Batterien in der Stirnlampe ausgewechselt …
Hallo? Ihr seid im Urlaub!
Klar – Bergsteigen erfordert Disziplin, wir sind nicht am Strand von Rimini. Aber es steht nirgendwo geschrieben, dass man sich nicht jeden Tag, auch nicht den fokussierten Gipfeltag, etwas nett gestalten könnte. Das nennt man Lebensart, weniger Gipfel erreicht man dadurch sicher nicht. Unter »Lebensart« oder »-stil« versteht jede(r) etwas anderes. Daher ist meine kleine Sammlung von Genusspunkten im Verlauf einer typischen Hochtour höchst subjektiv, doch hoffentlich anregend.

- Ob man um 1.30 Uhr oder um 2.00 Uhr aufsteht, ist dann auch egal – ich stehe eine Stunde vor der ausgemachten Abmarschzeit auf, damit ich in Ruhe frühstücken kann.
- Oft habe ich eine Tageszeitung dabei, in der ich beim Kaffee ein wenig lese – wie daheim. Der Wirt freut sich übrigens sehr, wenn er eine aktuelle Tageszeitung bekommt, nach der Lektüre kann er damit den Ofen anheizen. Perfekt!
- In Südeuropa ist das Frühstück ja eh nicht der Rede wert – besonders in Frankreich nehme ich noch etwas Herzhaftes wie reifen Käse mit, um das Frühstück zu »tunen«.
- Abendessen, das können sie. Gerade als Deutscher sollte man in Italien und Frankreich nicht automatisch in den Biertrinkmodus fallen. Wein ist oft von guter Qualität und preiswert, dazu gibt es Quellwasser und Brot mit etwas Olivenöl. Und zack, das Leben ist schön.
- Wunderbar ist immer der Moment, wenn es Tag wird. Genieße es, mach ein Foto!
- Wenn die Sonne erstmals ums Eck spitzelt, singe ich immer »Here comes the sun« von den Beatles … (Dann versuchen alle wegzulaufen, geht aber nicht, wegen des Seils.)
- Vorfahrtsregeln beachten! Im Aufstieg bedanke ich mich freundlich lächelnd, wenn jemand aus der Spur tritt, im Abstieg mache ich, gern mit großer Geste, Platz für die schnaufenden Aufsteiger.
- Liebe deine Füße, sie tragen dich! Sobald die – verabredete – Pause länger ist als nur zum Trinken, ziehe ich die Schuhe und die Socken aus. Die Füße sagen Danke …
- Am Gipfel schüttle ich jedem und jeder, auch den Fremden, die Hand. Leute, die mir nahestehen, umarme oder küsse ich. Dadurch erhält das gemeinsame Gipfelerlebnis etwas Weihevolles, das gefällt mir sehr. Ob man da »Berg heil« sagt oder irgendetwas anderes – das ist ein Fass, welches wir hier nicht öffnen wollen. Wichtiger ist für mich die Berührung.
- Zum Knabbern habe ich für den Gipfel stets etwas Besonderes dabei: Während es unterwegs ein 08/15-Riegel tut, gibt's auf dem Gipfel beispielsweise in der Schweiz einen original Appenzeller Bärlibiber. Je nach Tour habe ich auch schon Espresso aufgebrüht oder Caipirinha für meine SeilkameradInnen zubereitet.
- Ein Stück Kuchen auf der Terrasse in der Nachmittagssonne sollte stets im Budget enthalten sein.
- In der zivilisierten Welt wird heutzutage nirgends so nach Schweiß gestunken wie am Berg. Schuld ist die Funktionswäsche. Bergführer sind oft die Schlimmsten. Da man ja doch viel Zeit auf der Hütte verbringt, bitte ich von hier aus eindringlich darum, wenigstens als Wechselwäsche beispielsweise ein ansprechendes Merinohemd zu benutzen.

Expeditionsbergsteigen (hier am Himlung Himal, 7126 m, Nepal) stellt besondere Anforderungen an die Ausrüstung: Schuhe und Kleidung müssen für extreme Temperaturen geeignet sein und für das Gehen am Fixseil sind Steigklemmen von Vorteil.

Ausrüstung

Strategische Basis

Im Hochgebirge sind wir besonderen Einflüssen ausgesetzt: extremen Temperaturschwankungen und Wettereinflüssen, Fels, Schnee und Eis mit wechselnden, oft nicht vorhersehbaren Herausforderungen. Bei der Wahl der Ausrüstung gilt es Sicherheit und Komfort unter einen Hut zu bringen. Auch wenn Unfälle wegen Materialversagens selten sind – veraltete oder ungeeignete Ausrüstungsgegenstände sind oft noch in Gebrauch. Insbesondere Seile, Gurte und Schlingen haben eine begrenzte Lebensdauer, die du beachten solltest.

Software – Bekleidung und Schuhe

Die Zeiten von Kniebundhose und Karohemd sind zum Glück vorbei. Gute Hochtourenbekleidung leistet heute deutlich mehr, als mit Baumwolle und Loden zu erreichen ist. Sie sorgt dafür, dass Schweiß vom Körper wegtransportiert wird, ist gleichermaßen für kalte wie warme Witterung geeignet und schützt uns vor Wind und Niederschlag. Am besten

> **EXPERTENTIPP**
>
> Hochtour ist nicht gleich Hochtour! Informiere dich vor dem Zusammenstellen der Ausrüstung über:
> › spezielle Anforderungen der Tour
> › aktuelle Verhältnisse
> › Wetter und Temperaturvorhersagen
> Viel Erfahrung ist nötig, um perfekt ausgerüstet loszuziehen (mit nicht zu viel und nicht zu wenig Ausrüstung und davon genau das Richtige). Aktuelle Informationen gibt es in Internetforen, bei Hüttenwirten oder vor Ort bei den Bergführer- und Tourismusbüros.

> **EXPERTENTIPP**
>
> Mehrere dünne Schichten sind leichter, vielseitiger und wärmer als eine dicke Schicht. Die Luft zwischen den Lagen wirkt isolierend und durch geschickte Kombination der Schichten kannst du die Kleidung schnell an jede Situation anpassen.

lassen sich diese Aufgaben mit dem Zwiebelprinzip lösen.

Die erste Schicht
Hier gibt es zwei Fraktionen: Die »Merino-Meister« und die »Polyester-Profis«. Egal ob Natur- oder Kunstfaser, die erste (unterste) Schicht muss unseren Schweiß von der Haut wegtransportieren. Schwitzen reguliert die Körpertemperatur bei Anstrengung – der Haut wird durch Verdunstungskälte Wärme entzogen. Bleibt die Feuchtigkeit aber am Körper, kühlen wir stärker aus als nötig. Moderne Kunstfasern meistern diesen Prozess hervorragend und sind darüber hinaus noch leicht. Sie fangen aber schnell zu riechen an und haben eine geringere Wärmeleistung. Naturfasern (z.B. Merinowolle) transportieren den Schweiß weniger gut und trocknen langsamer. Dafür wärmen sie auch im feuchten Zustand und riechen deutlich angenehmer. Sie sind eher für kältere Temperaturen und »Wenigschwitzer« geeignet. Moderne Merino-Mix-Unterwäsche kombiniert die Vorteile aus Natur- und Kunstfaser. Achte in jedem Fall auf enges Anliegen der ersten Schicht, um einen effektiven Feuchtigkeitstransport zu gewährleisten.

Die Zwischenschicht(en) – Isolationsschicht
Wärmeisolation steht hier im Fokus. Dafür kommen Kunst- und Naturfasern infrage. Neben Kunstfaser- und Wollfleecepullis sind

leichte Daunen- oder mit synthetischem Isolationsmaterial gefüllte Jacken hervorragend geeignet. Sie bieten ein unschlagbares Gewichts-Isolations-Verhältnis und sind klein verpackbar. Viele Fleecejacken sind zusätzlich mit einem Windstoppermaterial ausgestattet, was ihren Einsatzbereich enorm vergrößert.

Die äußere Schicht

Die Herausforderung der äußeren Bekleidungsschicht ist es, von innen den Wasserdampf, bevor er zu Schweißtropfen kondensiert, durchzulassen und gleichzeitig außen Schutz gegen Wind und Nässe zu bieten. Die Hersteller lösen das mit unterschiedlichen Membranen und Verarbeitungstechniken, was sich in Haltbarkeit, Wasserdampfdurchlässigkeit und Dichtigkeit niederschlägt. Achte auf Details wie Taschen, Belüftungsöffnungen und eine helmfähige Kapuze. Bunt ist besser als Weiß oder Schwarz! Nicht wegen des modischen Effekts: Die Bergretter klagen immer wieder darüber, dass sie Unfallopfer in »Tarnkleidung« schlecht auffinden.

Die Hochtourenhose

Moderne Tourenhosen bieten einen angenehmen Tragekomfort, schützen ausreichend vor Wind und Nässe und sind in Kombination mit warmer Unterwäsche auch für kältere Verhältnisse geeignet. Mehr Gewicht, dafür einen größeren Einsatzbereich, hat die Kombination einer leichten Hose mit einer wind- und wasserdichten Überhose. Integrierte Gamaschen sind praktisch und ersparen Extragamaschen. Weite Hosen sind cool – aber für Hochtouren ungeeignet: Zu leicht verhaken sich die Steigeisen in den Hosenbeinen, was immer wieder zu gefährlichen Stürzen führt.

Hochtourenschuhe

Bevor du den Laden betrittst, sollte dein künftiger Einsatzbereich feststehen. Ob Gletscherwanderung, kombinierte Tour, Eisklettern oder Expedition – die Anforderungen ans Schuhwerk sind unterschiedlich und jede »Vermengung« ist ein Kompromiss. Für alle Hochtourenschuhe gilt aber: Sie müssen passen und möglichst wasserdicht sein! Darüber hinaus

Schuhe der Kategorien C, D, Expedition I und Expedition II (von links nach rechts)

Ausrüstung

Kategorie	Einsatzbereich/Gelände	Eigenschaften	geeignet für ...
C	› Einfache Hochtouren › Gletschertrekking › Klettersteige › Schneeschuhtouren › für Geröll, Schnee und Gletscher	› bedingt steigeisenfest › Fersenüberstand › torsionssteif › gute Isolation	Normalwege auf › Wildspitze › Großglockner › Piz Palü › Ortler
D	› Schwere Hochtouren › Kombinierte Touren › Eistouren › Eisklettern	› voll steigeisenfest › Fersen- und Zehenüberstand › sehr torsionssteif › gute Isolation › evtl. integrierte Gamasche	› Großglockner-Nordwand-Anstiege › Weißhorn › Montblanc-Überschreitung
Expedition I	› Winterbergsteigen › Eisklettern › Mixedklettern › anspruchsvolle Hochtouren in den Alpen und Bergen der Welt	› voll steigeisenfest › sehr torsionssteif › sehr gute Isolation › evtl. integrierte Gamasche › separater Innenschuh	› Island Peak, Nepal › Mera Peak, Nepal › Aconcagua, Argentinien › Huascarán, Peru
Expedition II	› Expeditionen über 7000 m Höhe › Polarregionen › extreme Kältezonen (z.B. Alaska)	› voll steigeisenfest › sehr torsionssteif › separater Innenschuh › integrierte Gamasche › beste Isolation	› Cho Oyu, Tibet › Mustagh Ata, China › Denali, Alaska › Mt. Vinson, Antarktis

CE- und UIAA-Prüfzeichen

hilft die Meindl-Klassifizierung für Bergschuhe (A bis D), die auch von anderen Herstellern übernommen wurde. Für Hochtouren kommen Schuhe der Kategorie C und D infrage. Darüber hinaus gibt es am Markt Expeditionsstiefel mit unterschiedlich hohen Wärmeleistungen.

Hardware – technische Grundausstattung

Um uns vor der Anschaffung mangelhafter Ausrüstung zu bewahren, gibt es unterschiedliche Normen. Sie legen Mindestfestigkeiten, Lebensdauer, Kriterien der Qualitätsprüfung und weitere Eigenschaften fest. Für Bergsportausrüstung sind die Euro-Norm (CE-Zeichen) sowie die UIAA-Norm relevant.

Hardware – technische Grundausstattung

> **EXPERTENTIPP**
>
> Während alle Hersteller ihre in Europa verkauften Produkte einer CE-Zertifizierung unterziehen müssen, ist die weltweit gültige UIAA-Norm freiwillig. Sie stellt jedoch höhere Anforderungen an die Bergsportausrüstung. Achte deshalb beim Kauf deiner Ausrüstung auf die CE- und UIAA-Zertifizierung.

Seile

Es existieren drei unterschiedliche Seiltypen: Einfach-, Halb- und Zwillingsseile. Für Hochtouren eigenen sich am besten Einfach- oder Halbseile. Zwillingsseile dürfen ausschließlich im Doppelstrang verwendet werden und sind daher für die Sicherung am Gletscher unpraktisch. Bist du im steilen Fels oder Eis unterwegs, bietet dir die Verwendung von zwei Halbseilen im Doppelstrang die höchste Sicherheit. Halbseile können auf reinen Gletschertouren ohne Felskontakt auch im Einfachstrang verwendet werden. Dann packst du ein Seil in den Rucksack und nutzt das andere für eine normale Gletscherseilschaft.

Anseilgurt

Auch wenn es ihn immer noch gibt: Seine Zeit ist definitiv vorbei! Die Rede ist vom unpraktischen, unbequemen und unsicheren Komplettgurt. Mit seinem hohen Anseilpunkt auf Brusthöhe lässt sich ein Spaltensturz deutlich schwerer abfangen: Die auftretenden Kräfte hebeln dich buchstäblich aus dem Stand. Außerdem ist längeres Hängen darin zumindest eine Tortur. Und jeder Jackenwech-

Einfach-, Halb- und Zwillingsseile

Ausrüstung

Hartschalenhelm, In-Mold-Helm, Hybridhelm (von links nach rechts)

sel wird zur logistischen Herausforderung. Für Hochtouren bietet ein leichter und verstellbarer Hüftgurt die bequemste und sicherste Anseilart. Wenn der Körperschwerpunkt deutlich über der Hüfte liegt (wie bei Kindern bis ca. 12 Jahren, stark übergewichtigen oder mit schwerem Rucksack beladenen Personen), ist die Kombination mit einem Brustgurt ratsam.

Helm

Bergsteigerhelme schützen vor Stein- und Eisschlag sowie Anprallverletzungen. Oft sind auf normalen Gletschertouren diese Gefahren auszuschließen. In allen anderen Fällen (und im Zweifel) gehört der Helm in den Rucksack bzw. rechtzeitig auf den Kopf. Zu haben sind klassische Helme aus einer harten Kunststoffschale, In-Mold-Helme mit einem Styroporkern und Hybridmodelle. In-Mold-Helme tragen sich aufgrund des geringen Gewichts angenehm, reagieren aber sensibel bei Fels- und Eiskontakt. Sehr robust und günstig, aber auch schwerer sind die klassischen Hartschalenhelme. Hybridhelme bilden – mit einer härteren Außenschale und einem Hartschaumkern – einen guten Kompromiss zwischen den Hartschalen- und In-Mold-Helmen.

Steigeisen

Bei Steigeisen gibt es eine Vielzahl von Ausführungs-, Material- und Bindungskombinationen. Den breitesten Einsatzbereich für Hochtouren bieten klassische 12-Zacker aus Stahl, mit Körbchen im Zehenbereich und Kipphebel an der Ferse. Sie sind für flache Gletscher und steiles Eis gleichermaßen geeignet, schnell und einfach an- und ausgezogen und auch nach mehrmaligem Felskontakt noch zu gebrauchen. Leichtsteigeisen aus Aluminium oder Titan sind weniger geeignet, da sie auf Blankeis nicht den nötigen »Grip« liefern und bei Felskontakt

Steileis-, Allround- und Hybrid-Leichtsteigeisen (vorne Stahl, hinten Alu) (v.r.n.l.)

Hardware – technische Grundausstattung

> **EXPERTENTIPP**
>
> › Nasse und vereiste Seile sind schwer, unangenehm im Gebrauch und reduzieren die Sicherheit. Deshalb ausschließlich imprägnierte Seile kaufen!
> › 50-m-Seile sind für die meisten Hochtouren ausreichend.
> › Nicht jedes Steigeisen passt zu jedem Schuh – unbedingt vor dem Kauf ausprobieren.

schnell stumpf werden oder brechen können. In jedem Fall zwingend sind Anti-Stoll-Platten, die das lästige und gefährliche Anstollen von Schnee unter den Sohlen verhindern.

Eispickel

Der Allroundpickel ist für Hochtouren die Idealbesetzung. Er kommt als Aufstiegshilfe sowie als Sicherungsmittel im Firn und Schnee zum Einsatz. Mit geradem oder leicht gebogenem Schaft und einer gekrümmten Haue lassen sich diese Aufgaben am besten bewältigen. Der klassische Führerpickel hat eine konkave Hauenform, was ihm beim Stufenschlagen die gewünschte Sprengwirkung verleiht. Da in der Praxis der »Biss« im Eis wichtiger ist, solltest du dich für eine Konvexhaue entscheiden. Berührt die Pickelspitze (Dorn) am hängenden Arm den oberen Rand des Bergschuhs, ist die Länge richtig. Auch wenn die Norm ein Befestigungssystem für Handschlaufen verlangt: Eine Handschlaufe ist beim Gehen und Klettern eher störend. Die Norm unterscheidet zwischen Typ 2 (technisches Eisgerät – höhere Normanforderungen) und Typ 1 (Basiseisgerät). Typ-2-Pickel sind für das Klettern im Steileis ausgelegt. Für normale Hochtouren reicht ein Pickel der Kategorie 1 vollkommen aus.

Eisschrauben

Um Fixpunkte zur Sicherung im steilen Eis oder für die Spaltenbergung zu schaffen, sind moderne Kurbeleisschrauben das Mittel der Wahl. Selbst auf einfachen Gletschertouren sollte jedes Seilschaftsmitglied mindestens eine Eisschraube mittlerer Länge (ca. 17 cm) mitführen, um im Fall eines Spaltensturzes gewappnet zu sein. Ein Eissanduhrfädler je Seilschaft ist nützlich, wenn im Eis abgeseilt wird (siehe Kapitel »Sicherungspraxis«).

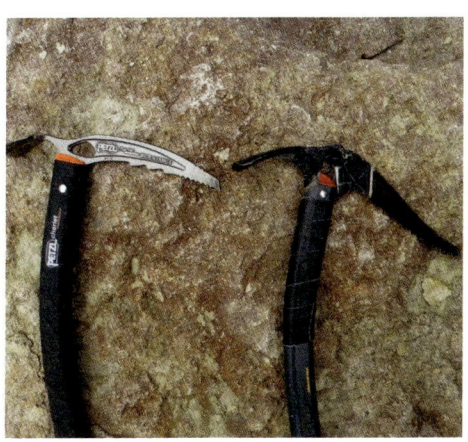

Zwei Allroundpickel mit Konvexhaue (links) und Konkavhaue

Verschiedene Eisschrauben mit Kurbel, ganz links ein »Eissanduhrfädler«

Über den Cosmiquegrat zur Aiguille du Midi

Ausrüstung

Auf dem Weg zum Liskamm Westgipfel

Notfallausrüstung

Alarmierung

80 % aller alpinen Notrufe werden mit dem Handy abgesetzt (Quelle: Bergunfallstatistik des DAV 2010–2011). Durch diese Entwicklung konnte die durchschnittliche Zeit von der Alarmierung bis zur Rettung deutlich reduziert werden. Auch wenn im Alpenraum noch Gebiete mit schlechter Netzabdeckung existieren: Mindestens ein aufgeladenes Handy in jeder Seilschaft ist Pflicht! Wer ganz sichergehen will, muss auf GSM-unabhängige Geräte wie das Satellitentelefon zurückgreifen. Mit Outdoorgeräten, welche die GPS-Technologie mit einem satellitengestützten Notrufsystem kombinieren (z.B. Garmin inReach Explorer+), werden neue Wege der Alarmierung beschritten.

Erste Hilfe

Eine kleine Notfallapotheke gehört auf jeder Tour in den Rucksack. Je Seilschaft reicht ein Set. Bei längeren Touren oder Trekkings und Höhenbergsteigen sollte das Set um spezielle Medikamente ergänzt werden.

Biwak

Nicht nur für eine ungeplante Freiluftnacht solltest du immer einen Biwaksack im Rucksack haben. Er leistet auch wertvolle Diens-

Erste-Hilfe-Set, Kabelbinder, Multitool, Biwaksack, kleine Taschenlampe

CHECKLISTE BERGAPOTHEKE

Standardapotheke	Ergänzung für mehrtägige Touren	Ergänzung für Höhenaufenthalte
› 2 sterile Verbandspäckchen	› Wunddesinfektionsmittel (Jodlösung)	› 10 Diamox
› 1 sterile Kompresse	› Bepanthen-Salbe	› 10 Nifedipin
› 3 Heftpflasterstreifen	› starke Schmerztabletten (z.B. Tramadol)	› 10 Dexamethason
› 1 Rolle Tapeverband	› 1 elastische Verbandsbinde	› 5 Schlaftabletten (Bsp. Halcion)
› 5 Klammer-Pflaster-Streifen (z.B. Leukostrip)	› Sam-Splint zum Ruhigstellen von verletzten Körperteilen	› Elektrolyt-Pulver (Bsp. Elotrans)
› Schmerztabletten (Paracetamol, Ibuprofen oder Voltaren)	› Feuerzeug und Kerze	› Durchfallmittel (Bsp. Imodium)
› Ass oder Aspirin	› Mini-Taschenlampe	› Mittel gegen Übelkeit und Erbrechen (Bsp. Paspertin oder MCP-Tropfen)
› 1 Dreiecktuch	› 4 Kabelbinder	› Breitbandantibiotikum (Bsp. Isocillin)
› 1 Alu-Rettungsfolie	› 1 Stück Draht (ca. 50 cm)	
› Latexhandschuhe	› 1 Multitool mit Zange	
› kleines Taschenmesser	› Blasenpflaster	

te, wenn es darum geht, ein durchziehendes Gewitter trocken zu überstehen oder einen Verletzten bis zum Eintreffen der Rettungsmannschaft vor Auskühlung zu schützen. Das Zweimannmodell ist besser als die Singleversion: Es ist vielseitiger einsetzbar und reicht auch für drei Personen aus. Viele Rucksäcke haben eine kleine herausnehmbare Sitzmatte integriert. Die fällt nicht ins Gewicht und nimmt kaum Platz weg – reduziert aber die Auskühlung von unten erheblich.

Aufstieg zur Aiguille du Midi, Chamonix

Ausrüstung

WENN ES STEILER WIRD …

Standardausrüstung	sinnvolle Ergänzungen
Bekleidung / Schuhe	
✔ Funktionsunterwäsche und -socken ✔ Wechselwäsche, -socken ✔ winddichte, schnelltrocknende Hochtourenhose ✔ Fleecejacke, -pulli mit Windstopper-Material ✔ Außenjacke und -hose (wasserdicht und atmungsaktiv) ✔ dünne Fleece-Handschuhe ✔ wasserdichte, gefütterte Handschuhe ✔ Mütze ✔ steigeisenfeste Bergschuhe (Kategorie C oder D) ✔ Sonnenkappe	✔ lange, wärmende Unterwäsche ✔ Stirnband, Halstuch, Sturmhaube ✔ leichte Daunenjacke ✔ Fäustel ✔ Hüttenschuhe ✔ bequeme Kleidung für die Hütte
Alpinausrüstung	
✔ Hochtourenrucksack, ca. 30–40l ✔ Anseilgurt ✔ 2 HMS-Karabiner ✔ 4 Normalkarabiner ✔ 1 Reepschnur 5 mm–4 m lang ✔ 1 Reepschnur 5 mm–2 m lang ✔ 1 genähte Bandschlinge 120 cm ✔ 1 Eisschraube ✔ Eispickel ✔ Steigeisen mit Antistollplatte ✔ imprägniertes Seil (50 m Länge) **Orientierung** ✔ Topografische Gebietskarte (Maßstab 1 : 25.000) ✔ Höhenmesser ✔ Kompass	✔ Regenhülle für Rucksack ✔ Teleskopstöcke ✔ 1–2 mechanische Seilklemmen (Ropeman, T-Bloc, Shunt) ✔ 1 Seilrolle ✔ Schutzhelm (je nach Tour) ✔ GPS-Gerät **zusätzlich auf kombinierter Tour:** ✔ mobile Sicherungsmittel für den Fels (Haken, Keile, Friends) ✔ 5–7 Expressschlingen ✔ 2 Halbseile oder Zwillingsseile ✔ zusätzliche Bandschlingen und Reepschnüre ✔ Mulitfunktionales Abseil- und Sicherungsgerät, siehe Kap. Sicherungspraxis
Zusätzliches	
✔ Gletscherbrille (UV-Schutzklasse 3) ✔ Sonnencreme, Lippenschutz (hoher UV-Filter) ✔ Hüttenschlafsack ✔ Biwaksack ✔ bruchfeste Trinkflasche ✔ Getränke ✔ Erste-Hilfe-Set ✔ Handy ✔ Zwischenverpflegung (Energieriegel) ✔ Stirnlampe, Ersatzbatterien ✔ Bargeld	✔ Thermosflasche ✔ Ohropax, Schlafbrille ✔ Ladegerät fürs Handy ✔ Fotoapparat ✔ Taschenfernglas

Wenn es steiler wird ...

In steilen Eiswänden oder beim Wasserfallklettern steigen nicht nur die Anforderungen an den Bergsteiger. Auch die technische Ausrüstung muss andere Anforderungen erfüllen, um die Fortbewegung zu erleichtern und das Absturzrisiko zu reduzieren.

Steileisgeräte

Erst mit einem stark gekrümmten Schaft lässt sich steilstes Eis fingerschonend klettern. Ergonomisch geformte Griffe, oft mit mehreren Variationsmöglichkeiten, sorgen für eine enorme Kraftersparnis. Je nach Einsatzgebiet (Steileis, Mixed, Drytooling) gibt es unterschiedlich geformte, auswechselbare Hauen.

Gratkletterei an der Aiguille d'Entrèves, Chamonix

Ausrüstung

Der Bafflfall im Sellrain, ein leichter Einsteigereisfall

Handschlaufen sind aus sportlicher Sicht verpönt, haben aber als Verlustsicherung und zur Kraftersparnis in längeren Routen ihre Daseinsberechtigung. Der in bestimmten Eis- und Mixedpassagen ökonomische Griffwechsel wird mit Handschlaufen jedoch deutlich erschwert. Für Sicherheitsbewusste ist eine elastische Fangleine optimal. Sie verbindet die Eisgeräte mit dem Gurt und verhindert so – bei voller Bewegungsfreiheit – wirkungsvoll einen Verlust.

Setzt du die Eisgeräte ausschließlich in steilen Wasserfällen oder beim Mixedklettern ein? Dann solltest du auf Hammer, Schaufel und Dorn verzichten. Für klassische Eiswände dürfen sie nicht fehlen, um morsche Eisplatten zu entfernen, Haken zu schlagen und das Eisgerät als Rammpickel einsetzen zu können.

Steileissteigeisen

Starre Steigeisen liefern in Verbindung mit leichten, im Sprunggelenk flexiblen Bergschuhen eine satte Kraftübertragung bei guter Beweglichkeit. Vorteile bieten auch senkrecht stehende Frontalzacken, die, ähnlich wie die Eisgerätehauen, nach unten gezogen und exakt geschliffen sind. Mit zwei Frontalzacken lässt sich stabiler stehen – Monozacken haben Vorteile in Mixedrouten, da sie das Antreten in Löchern und Rissen erleichtern.

Zubehör

Eisklettern ist immer auch eine Materialschlacht. Eine sinnvolle Auswahl und Anordnung der Ausrüstung am Klettergurt, viele Materialschlaufen und spezielle Materialkarabiner helfen beim Ordnunghalten.

CHECKLISTE EISKLETTERN

Ausrüstungs-Checkliste Eisklettern	Einsatzbereich / Varianten
Eisgeräte, Steigeisen, Handschlaufen oder Sicherungsleine, Helm, Klettergurt	
ca. 10 Eisschrauben (je nach Schwierigkeit)	› 8 x Standardlänge (13–18 cm) › 1–2 x kurz (10 cm) für dünnes Eis › 1 x lang (22 cm) für Eissanduhrenbau und oberflächlich morsches Eis
ca. 8 Expressschlingen	
2 HMS-Karabiner, 1 Schraubkarabiner, 2 Normalkarabiner	
1 Eissanduhrfädler	Optimal ist ein integriertes Messer zum Zuschneiden der Eissanduhrschlingen
2 vernähte Bandschlingen für den Standplatzbau (120 cm und 60 cm)	
1 Abseilgerät	Ideal ist ein Kombigerät (z. B. BD Guide, Petzl Reverso) zum Sichern und Abseilen
3 Reepschnüre (4 m, 2 m, 40–60 cm je nach Dicke)	Berge- und Aufstiegshilfe, Eissanduhrschlinge und Selbstsicherung beim Abseilen
Ersatzhandschuhe, Erste-Hilfe-Set	

Tourenski erleichtern den Zustieg oft deutlich – hier im Sertigtal bei Davos.

Bei stabilen Wetterlagen, wie hier beim Abstieg vom Alpamayo-Hochlager, stellt die Orientierung kein großes Problem dar. Schwierig wird es, wenn die Sicht durch Nebel, Schneefall etc. eingeschränkt ist.

Orientierung im Gelände

Orientierung im Gelände

Die topografische Karte

Auch wenn Pythagoras bereits vor 2500 Jahren von einer kugelförmigen Erde ausging – streng genommen hatte er unrecht. Wir Bergsteiger wissen aus eigener Erfahrung: Die Erde gleicht eher einer Kartoffel (wissenschaftlich: Geoid). Die Kunst, Teile dieser komplexen Oberfläche auf einem zweidimensionalen Blatt darzustellen, ist die Kartografie – mit dem Ergebnis topografischer Karten. Das »Lesen und Verstehen« topografischer Karten ist die Basis, um selbstständig Hochtouren durchführen zu können. Schließlich beginnt die eigentliche Hochtour erst dort, wo markierte Pfade enden. Im weglosen Gelände den eigenen Standort zu bestimmen und einen sicheren Weg von A nach B zu finden, das bedeutet Orientierungsfähigkeit. Technische Hilfsmittel wie Kompass, Höhenmesser und GPS-Geräte sind wichtige Ergänzungen, die auf das Kartenlesen aufbauen. Selbst moderne GPS-Geräte mit hochauflösender Kartendarstellung ersparen uns das Interpretieren eines abstrakten Kartenbildes jedoch nicht.

Sie bildet durch Höhenlinien und Höhenpunkte die Geländeformen ab und gibt viele Informationen auch über Straßen, Ortschaften, Gewässer etc. Eine genaue Kenntnis der kartografischen Gestaltungselemente (Farben, Linien, Maßstab etc.) ist Voraussetzung für

Matterhorn-Nordwand

> **EXPERTENTIPP**
>
> Jeder, der in der Schule noch Gedichte auswendig lernen musste, kennt das Phänomen: Der Text wird flüssig vorgetragen – welche Bedeutung sich hinter den Worten verbirgt, bleibt aber oft genug im Verborgenen. Auch beim Kartenlesen reicht die Kenntnis der »Sprache« alleine nicht aus, um damit arbeiten zu können. Zwei Übungen helfen dir, deine Kartenkompetenz auszubauen:
> › Mache dir vor jeder Tour anhand der Karte eine Vorstellung vom Gelände. Wie könnten Felsen, Gletscher, Geländeformen und Hangsteilheiten in der Natur aussehen? Halte die Ergebnisse stichpunktartig fest und gleiche sie auf der Tour mit den tatsächlichen Gegebenheiten ab.
> › Nimm unterwegs die Karte so oft wie möglich zur Hand und vergleiche das Gelände mit dem Kartenbild: Wie sind die Gipfel, Grate, Bachläufe, Gletscherflächen etc. deiner Umgebung in der Karte dargestellt? Halte die Karte dabei immer so, dass sie mit dem Gelände übereinstimmt, also dass die obere Kartenkante nach Norden zeigt.

Die topografische Karte

Die drei Pfeiler des Piz Palü von Nordwesten fotografiert und auf der Schweizer Landeskarte Blatt 1277 © swisstopo, Bundesamt für Landestopografie

effizientes Arbeiten. Mit etwas Übung erhältst du beim Betrachten der Karte eine räumliche und optische Vorstellung des Geländes.
Die Beschriftung (Ortschaften, Gipfel etc.) topografischer Karten verläuft immer von West nach Ost. Norden ist immer oben – Süden unten. Das erleichtert die Orientierung auf der Karte. Am Kartenrand finden sich Informationen über den Maßstab, die Bedeutung der verwendeten Zeichen, das Koordinatensystem, Höhenlinienabstände, Datum des dargestellten Gletscherstandes etc. Erst in Verbindung mit diesen Daten lässt sich ein Kartenbild richtig interpretieren.

Maßstab

Der Maßstab gibt den »Verkleinerungsfaktor« einer Karte wieder. Mit ihm kann die reale Distanz zwischen zwei Punkten ermittelt werden. Dazu wird die auf der Karte gemessene Strecke mit der Maßstabszahl multipliziert. Auf den gängigen Karten ist ein Gitternetz abgebildet, das eine schnelle Schätzung der Distanzen ermöglicht. Das Gitternetz der Alpenvereinskarten (AV-Karten) umfasst Quadrate mit 4 cm Seitenlänge, was bei einer großmaßstäbigen Karte von 1 : 25000 einer Naturstrecke von 1 km entspricht.

Kartenmaßstab	1 cm in der Karte entspricht in der Natur
1 : 150000	1,5 km
1 : 50000	0,5 km
1 : 25000	0,25 km

Für die Planung und Durchführung von Hochtouren heißt es: je größer der Maßstab, desto besser, da mehr Details zu erkennen sind. Üblich ist im Alpenraum ein Kartenmaßstab 1 : 25000, bzw. 1 : 50000 bei einigen Ausnahmen.

Geländedarstellungen

Kartengitter

Das Ermitteln von Standort-Koordinaten auf einer Karte wird durch ein aufgedrucktes Gitternetz erheblich vereinfacht. Die meisten topografischen Karten sind deshalb mit ei-

Orientierung im Gelände

Kartendarstellung	praktischer Nutzen	Beispiel
Höhenpunkte geben die tatsächliche Höhe an klar erkennbaren Orten wie Gipfel, Hütten, Scharten oder Weggabelungen wieder.	An diesen Punkten kannst du (und solltest so oft wie möglich) deinen Höhenmesser exakt einstellen.	Großvenediger und Venedigerscharte © BEV 2010, T2010/69911
Höhenlinien verbinden alle Geländepunkte gleicher Höhe zu einer Linie. Der vertikale Abstand zwischen zwei Höhenlinien wird auf der Karte als Äquidistanz ausgewiesen und beträgt meist 20 m. Alle 100 m ist eine Höhenlinie verstärkt und mit einer Höhenangabe versehen.	Höhenlinien bringen die dritte Dimension auf die Karte. Weite Abstände weisen auf flaches, enge auf steileres Gelände hin. Auf AV-Karten zeigt die Basis der Höhenziffern immer ins Tal. So lässt sich »oben« und »unten« leicht unterscheiden.	Der flache Vernagtferner südlich des Taschachjochs © s. Impressum
Farben und Symbole kennzeichnen die Beschaffenheit der Geländeoberfläche.	Durch die Farbgestaltung erhält die Karte eine plastische Tiefenwirkung. Gewässer, Wald, Fels und Eis werden in verschiedenen Farben abgebildet. Symbole sind am jeweiligen Kartenrand erläutert und kennzeichnen Gebäude, Straßen, Brücken etc.	
Geländeformen werden durch die Struktur der Höhenlinien wiedergegeben.	Grate oder enge Schluchten sind durch scharfe Knicke dargestellt; Mulden, Rinnen oder Rücken durch sanfte Rundungen. Erst mit der Information, wo »oben« und »unten« ist, lässt sich ablesen, ob es sich um eine Erhebung (Rücken, Grat) oder eine Einsenkung (Rinne, Mulde) handelt.	© s. Impressum Biancograt von Norden (Karte zum Abgleich der Perspektive auf den Kopf gestellt)

nem UTM-Gitter (Universale Transversale Mercatorprojektion) ausgestattet. Da das Gitter etwas von der geografischen Nord-Süd-Richtung abweicht, verlaufen die Linien nicht exakt parallel zum Kartenrand. Im Alpenraum gilt für die Schweizer Landeskarten eine Ausnahme. Das hier verwendete Swiss-Grid nutzt ein eigenes Bezugssystem und verläuft parallel zum Kartenrand. Dadurch ist der obere Kartenrand nicht genau nach geografisch Nord ausgerichtet. Am Kartenrand finden sich alle Informationen zum verwendeten geodätischen Bezugssystem. Die sind für die »Programmierung« des GPS-Geräts genauso wichtig wie für die exakte Positionsübermittlung an Rettungskräfte im Notfall.

> **EXPERTENTIPP**
>
> Die aktuelle Höhe ist oft ein entscheidender Baustein zur Standortbestimmung. Justiere deshalb deinen Höhenmesser so oft wie möglich an Plätzen mit bekannter Höhe (Hütte, Gipfel, Scharte, usw.).
> An solchen Standorten kannst du deinen Höhenmesser dann auch gut als Barometer nutzen. Fallender Luftdruck führt zu einer gestiegenen Höhenanzeige – eine Wetterverschlechterung ist wahrscheinlich.
> Steigender Luftdruck zeigt sich hingegen durch eine niedrigere Höhenanzeige – besseres Wetter ist zu erwarten. Veränderungen ab 20 m zeigen bereits Tendenzen für den weiteren Wetterverlauf an.

Der Höhenmesser

Die Erdatmosphäre lastet mit ihrem Gewicht auf der Erdoberfläche und führt dort zu einem bestimmten (Luft-)Druck. Beim Aufstieg lassen wir einen Teil der Erdatmosphäre unter uns – der Luftdruck sinkt. Höhenmesser nutzen diesen Effekt, indem sie den Luftdruck messen und daraus die aktuelle Höhe berechnen. Dazu sind sie auf den mittleren Gewichtsdruck der Luft auf Meereshöhe geeicht. Hier lasten auf jedem Quadratmeter etwa 10 Tonnen Luft oder 1013 Hektopascal (hPa). Einige »Störfaktoren« können dazu führen, dass der Höhenmesser falsche Werte berechnet:

- Die Wetterlage beeinflusst den aktuellen Luftdruck. Der Unterschied zwischen einer ausgeprägten Tiefdrucklage und einem Hochdruckgebiet kann ein Abfallen von 300 Höhenmetern auf der Anzeige des Höhenmessers erzielen.
- Höhenmesser sind auf eine Temperaturabnahme von 0,65° C/100 Höhenmeter geeicht. Die tatsächliche Temperaturdifferenz kann aber höher oder niedriger ausfallen.
- Die Temperaturkompensation an vielen Höhenmessern bezieht sich lediglich auf die Gerätetemperatur. Nicht ausgeglichen wird, dass kalte Luft schwerer ist als warme Luft. Niedrigere Temperaturen führen so zu einem höheren Luftdruck – der Höhenmesser weist eine geringere Höhe aus.

Der Peilkompass

Jede gängige Outdooruhr hat heutzutage einen Peilkompass und mit der passenden App auch jedes Smartphone. So nützlich ein solcher Kompass auch sein mag: Elektronische Geräte können ausfallen. Einen »analogen« Plan B zu haben, erhöht die Sicherheit! Ein Peilkompass mit 360-Grad-Kompassrose und Spiegel ist leicht und einfach zu bedienen.

Orientierung im Gelände

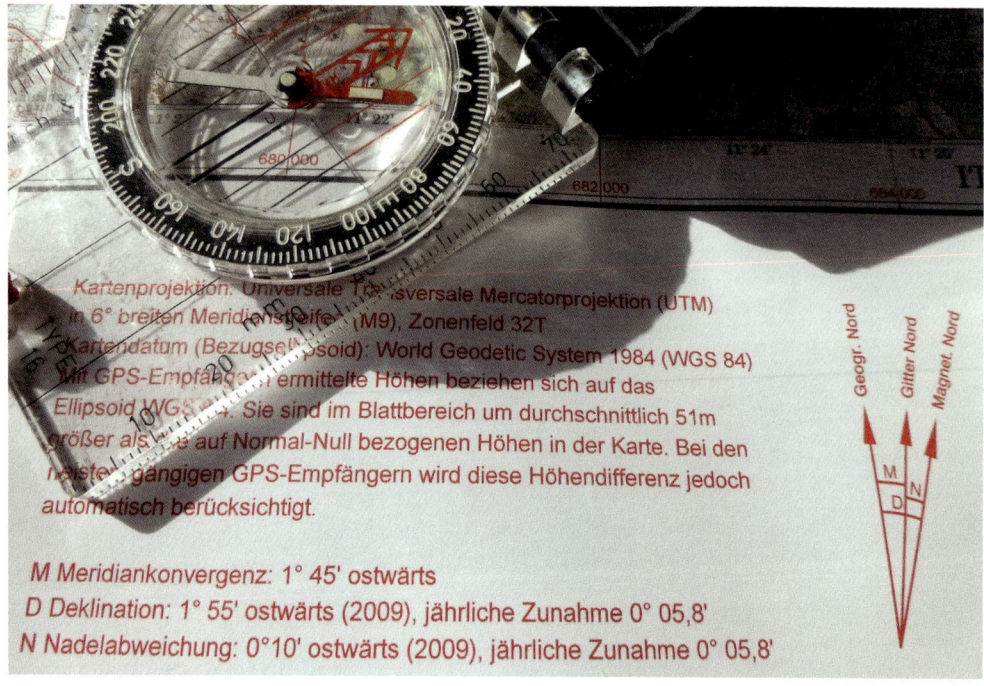

Die Kartenrandangaben zu den geografischen Abweichungen auf einer AV-Karte

Deklination, Meridiankonvergenz, Nadelabweichung ...

Die Kompassnadel nutzt das Magnetfeld der Erde und zeigt zum magnetischen Nordpol. Der stimmt aber nicht mit dem geografischen Nordpol überein und verändert zudem laufend seine Position. Wie groß diese als Deklination bezeichnete Abweichung ist, hängt von unserem Standort und der Zeit ab. Gegenwärtig ist die Abweichung im Alpenraum so gering, dass sie vernachlässigt werden kann. In anderen Regionen (z.B. Kanada, Alaska) führt ein Ignorieren der Deklination zu fatalen Fehlweisungen.

Neben der Deklination gilt es die Abweichung des Kartengitters von der geografischen Nord-Süd-Richtung (Meridiankonvergenz) zu beachten. Beide Abweichungen werden in der sogenannten Nadelabweichung berücksichtigt. Auch dieser Wert lässt sich den Kartenrandangaben entnehmen.

An guten Kompassmodellen kannst du die Abweichung mechanisch einstellen. Ist das nicht der Fall, muss sie beim Peilen berücksichtigt werden.

KURZ UND KNAPP

Beim Arbeiten mit dem Peilkompass solltest du beachten:
› Alle magnetischen Materialien lenken die Kompassnadel ab und führen zu Missweisungen. Halte deshalb beim Peilen Abstand zu Stromleitungen, Metallen und elektronischen Geräten.
› Halte den Kompass beim Peilen horizontal und auf Augenhöhe (einige Kompasse haben dazu eine Art Wasserwaage integriert).
› Ein Kompass mit drehbarer Windrose, durchsichtiger Grundplatte, klappbarem Peilspiegel und Visier eignet sich sowohl für das Peilen in der Natur wie für das Arbeiten auf der Karte.

SEITWÄRTS ABSCHNEIDEN

Bestimme die Richtungszahl	› Den Spiegel des Kompass auf 45° hochklappen (sodass du von oben auf die Windrose sehen kannst, obwohl sich der Kompass auf Augenhöhe befindet) › Den markanten Geländepunkt mit gestrecktem Arm anvisieren (Achtung: Kompass gerade halten!) › Mit der freien Hand die Windrose drehen, bis die Nadel mit der Nordmarkierung übereinstimmt › Richtungszahl an der Windrose ablesen	
Übertrage die Richtungszahl auf deine Karte	› Den Kompass am zuvor anvisierten Geländepunkt auf der Karte anlegen (die Richtungszahl dabei nicht verstellen) › Den Kompass so lange drehen, bis die Ost-West-Linie der Windrose mit der Ost-West-Linie der Karte übereinstimmt	
Ermittle deinen Standort	› Übertrage die Peillinie (mit Lineal und Bleistift) auf die Karte › Dein Standort befindet sich am Schnittpunkt der Peillinie mit deinem Geländeabschnitt	

Von der Karte ins Gelände und zurück

Die Karte einnorden

Bevor wir in der Natur mit der Karte arbeiten können, muss sie so ausgerichtet werden, dass ihre Darstellung mit dem tatsächlichen Gelände übereinstimmt – sie wird eingenordet. Dazu eignen sich bekannte Geländepunkte in der Ferne oder markante Geländeformen wie Täler, Bergrücken oder Flüsse. Drehe dich mit der Karte so lange, bis sie passend zur Natur ausgerichtet ist. Natürlich kann die Karte auch mit dem Kompass ausgerichtet werden: Den Kompass an einer Ost-West- oder Nord-Süd-Linie der Karte anlegen und beides so lange drehen, bis die Nadel mit der Nordrichtung der Windrose übereinstimmt.

Standortbestimmung im Gelände

Idealerweise kennst du auf Hochtour immer deinen aktuellen Standort. Bei guter Sicht ist das kein Problem. Umliegende Gipfel, markante Geländepunkte etc. weisen dich ohne Mühe auf deine aktuelle Position hin. Aber was ist, wenn Nebel, Schneefall oder die einbrechende Nacht deine Sicht nehmen? Dann gilt es rechtzeitig den eigenen Standort festzustellen – um handlungsfähig zu bleiben. Befindest du dich auf einem in der Karte eingezeichneten Weg,

Orientierung im Gelände

Die makellose Pyramide des Artesonraju in Peru eignet sich perfekt zum Anpeilen mit dem Peilkompass

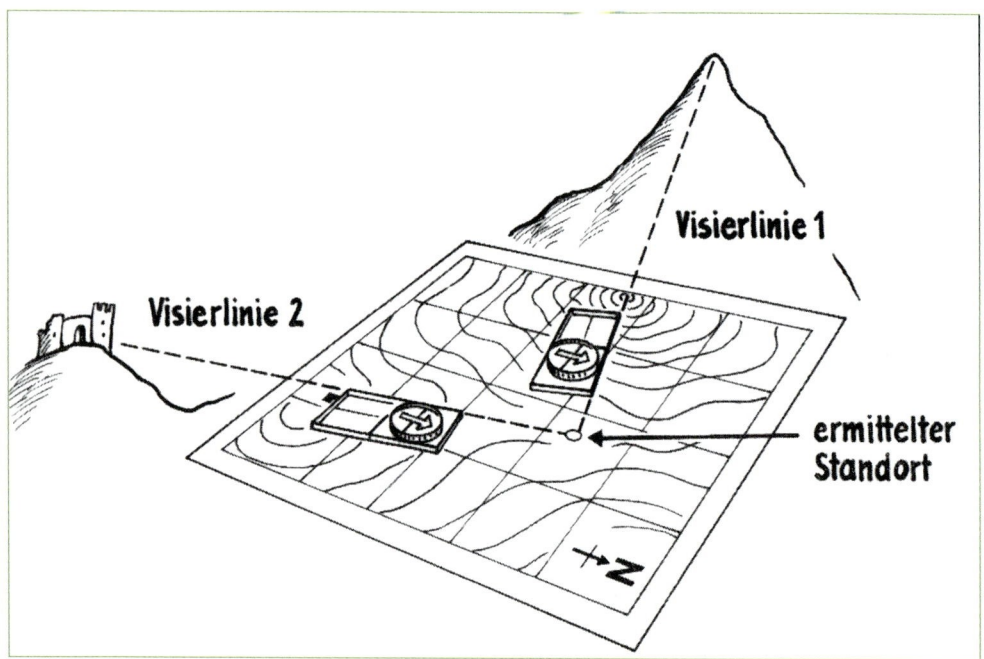

Rückwärtseinschneiden

Von der Karte ins Gelände und zurück

Auch besonders markante Bauwerke wie Windräder oder Staudämme eignen sich zum Anvisieren.

an einem klar erkennbaren Flusslauf, auf einer Moräne oder einem markanten Rücken? Dann reicht oft ein exakt eingestellter Höhenmesser aus, um deinen Standort zu identifizieren. Folge auf der Karte »deiner« Höhenlinie, bis sie den Weg, Fluss etc. schneidet. Ist das Gelände zu flach oder zu wenig markant für diese Form der Ortsbestimmung? Dann kommt der Peilkompass zum Einsatz.

Seitwärtsabschneiden
Voraussetzung für diese Technik ist, dass du dich in der Nähe eines wiedererkennbaren Geländeabschnitts befindest (Weg, Bach, Rücken etc.) und einen Gipfel oder markanten Geländepunkt anpeilen kannst. Am besten suchst du dir einen Punkt, der im rechten Winkel zu deinem Geländeabschnitt steht – das steigert die Genauigkeit.

Rückwärtseinschneiden
Gibt es in deiner unmittelbaren Umgebung keine erkennbaren Geländeinformationen (etwa auf einer flachen Gletscherfläche)? Dann peilst du zwei oder mehr bekannte Geländepunkte in verschiedenen Richtungen an und überträgst die Peillinien (wie beim Seitwärtsabschneiden) auf deine Karte. Je nach Genauigkeit deiner Peilung wirst du dich bei zwei Peilungen auf oder in der Nähe des Schnittpunktes befinden. Bei drei Peilungen erhältst du nach dem Übertragen ein Dreieck, in dem du dich befindest. Je kleiner das »Fehlerdreieck« ist, desto genauer waren deine Peilungen.

Vorwärtseinschneiden
Kennst du deinen eigenen Standort und möchtest einen unbekannten Gipfel bestimmen? Die Vorgehensweise ist identisch:

EXPERTENTIPP

> Orientierung bei null Sicht, nur mit Kompass und Höhenmesser, bedeutet immer eine große Herausforderung, die stets mit erhöhten Risiken verbunden ist. Gefahren lassen sich schwerer einschätzen, der Zeitbedarf steigt deutlich und die psychische Belastung ist nicht zu unterschätzen. Wäge diese Aspekte mit den Alternativen (Biwak, organisierte Rettung) ab.
> In der Praxis marschieren Bergsteiger häufig, trotz verlorener Orientierung, auf gut Glück weiter. Tatsächlich ist es meist geschickter, zum letzten bekannten Punkt zurückzugehen und von dort neu zu starten.
> Markante, eindeutige Geländestrukturen wie Bachläufe oder Moränen sind leichter zu finden als weniger markante Zielpunkte. Peile diese an, auch wenn du damit Umwege in Kauf nimmst.
> Bei kleinräumigen Zielpunkten (z. B. Scharte, Gratende) solltest du bewusst einen Punkt rechts oder links neben dem Zielpunkt anpeilen, das »Hindernis« anlaufen und dann der richtigen Richtung folgen. Verfehlst du bei der direkten Peilung dein Ziel, stehst du daneben, ohne zu wissen auf welcher Seite.

- Peile den Gipfel an und bestimme die Richtungszahl
- Übertrage die Peillinie auf deine Karte (siehe »Seitwärtsabschneiden«)
- Der Gipfel befindet sich auf dieser Linie in Peilrichtung

Orientieren ohne Sicht – Gehen nach Richtungszahl

Nachdem du deinen aktuellen Standort auf der Karte ermittelt hast, stehen die nächsten Entscheidungen an: Lassen die Verhältnisse ein Weitergehen zu? Welche Risiken sind damit verbunden? Welche Risiken bringt ein Abwarten mit sich? Entscheidest du dich für den Weiterweg, dann kommt ohne Sicht (und GPS-Gerät) nur ein Navigieren nach Richtungszahl infrage. Ermittle dazu die Richtungszahl(en) aus der Karte:

1. Verbinde auf der eingenordeten Karte deinen Standort mit dem gewünschten Zielpunkt (bei komplexen Geländeverläufen und Gefahrenstellen kann ein »Umweg« über mehrere, markante Zielpunkte sinnvoll sein).
2. Ermittle die Richtungszahl(en) zum Zielpunkt aus der Karte.
3. Stelle die Richtungszahl auf deinem Marschkompass ein, peile im Gelände den Zielpunkt an – und los geht's!

- Sind der Zielpunkt oder ein Zwischenziel in Zielrichtung sichtbar? Peile diese an und gehe direkt darauf zu. Bei mehreren Zwischenzielen wiederholt sich dieser Vorgang.
- Ist das Gelände übersichtlich und ohne große Gefahrenstellen? Es reicht, wenn du die Gehrichtung regelmäßig durch eine Peilung überprüfst.
- Erfordert das Gelände größere Vorsicht oder herrscht »null Sicht«? Dann hat sich folgende Technik bewährt: Der Erste geht in Peilrichtung voraus, bleibt aber in Sichtweite. Der Zweite übernimmt die regelmäßige Peilung und hält den Ersten durch Zurufe auf der richtigen Spur.

Natürliche Orientierungshilfen

Die Natur bietet uns eine ganze Reihe an Hinweisen darauf, wo wir uns gerade befinden. Nicht nur für den Notfall (wenn die GPS-Akkus leer sind, Kompass und Höhenmesser zu

Natürliche Orientierungshilfen

Hause liegen und der Nebel sich ausbreitet) ist es hilfreich, die Zeichen der Natur lesen und interpretieren zu können. Die Beschäftigung mit den Hinweisen der Natur schärft unsere Sinne und macht Spaß.

Wind

Die Richtung, aus der der Wind bläst, hängt immer mit der aktuellen Wetterlage zusammen. Ausnahmen sind lokale Winde, die durch (tageszeitliche) Thermik, Tallagen etc. entstehen. Am interessantesten für die Orientierung sind Wetterlagen, die mit Nebel und Schlechtwetter einhergehen. In den Nordalpen entwickeln sich Tiefdruckgebiete meist aus nordwestlichen und nördlichen, in den Südalpen aus südwestlichen und südlichen Richtungen; in den Zentralalpen aus allen Richtungen. Am sichersten lässt sich die Windrichtung an der Zugrichtung der hohen Wolken ablesen.

Im Gelände erkennst du die Windrichtung auch gut an der Struktur verschiedener Schneeablagerungen. Wechten entstehen

Raufrost (auch Anraum genannt)

durch starke Winde – und bilden sich deshalb oft auf der Ostseite von Graten. Raufrost (Anraum) wächst gegen den Wind, findet sich also an nördlich bis westlich ausgerichteten Felsen, Gipfelkreuzen etc. Windgangeln (oder Zastrugis) entstehen durch windbedingte Abtragung auf der Schneeoberfläche. Die scharfen Kanten sind immer dem Wind zugewandt. Sie weisen in der Regel in nordwestliche Richtungen.

Windgangeln (auch Zastrugis genannt)

Sonnenaufgang beim Aufstieg am Mont Maudit, Chamonix

Sonne, Mond und Sterne

Sonne
Wenn wir diese Gestirne sehen können, sollten wir sie zur Orientierung nicht benötigen. Trotzdem verrät uns der Sonnenstand die Himmelsrichtung. Mit einer Zeigeruhr noch genauer.

Mond
Der Vollmond verschafft uns nicht nur gute Sichtverhältnisse bei Nacht, auch die Himmelsrichtung lässt sich einfach und schnell mit ihm bestimmen. Da er der Sonne genau gegenübersteht, gelten die gleichen Regeln – nur umgekehrt.

Sterne
Auf der Nordhalbkugel ist der Polar- oder auch Nordstern seit jeher ein wichtiges Mittel zur Bestimmung der geografischen Nordrichtung. Er ist der hellste Stern im Sternbild Kleiner Bär bzw. Kleiner Wagen und leicht zu finden. Verlängere eine gedachte Verbindungslinie zwischen den beiden hellen hinteren Sternen des Großen Bären (Wagen) um das Fünffache, dann erkennst du deutlich den leuchtenden Polarstern.

Himmelsrichtung	Sommerzeit	Winterzeit (MEZ)
Südrichtung ermitteln	Stundenzeiger auf die **Sonne** ausrichten Winkelhalbierende zwischen Stundenzeiger und 13.00 Uhr	Stundenzeiger auf die **Sonne** ausrichten Winkelhalbierende zwischen Stundenzeiger und 12.00 Uhr
Osten	7.00 Uhr	6.00 Uhr
Süden	13.00 Uhr	12.00 Uhr
Westen	19.00 Uhr	18.00 Uhr

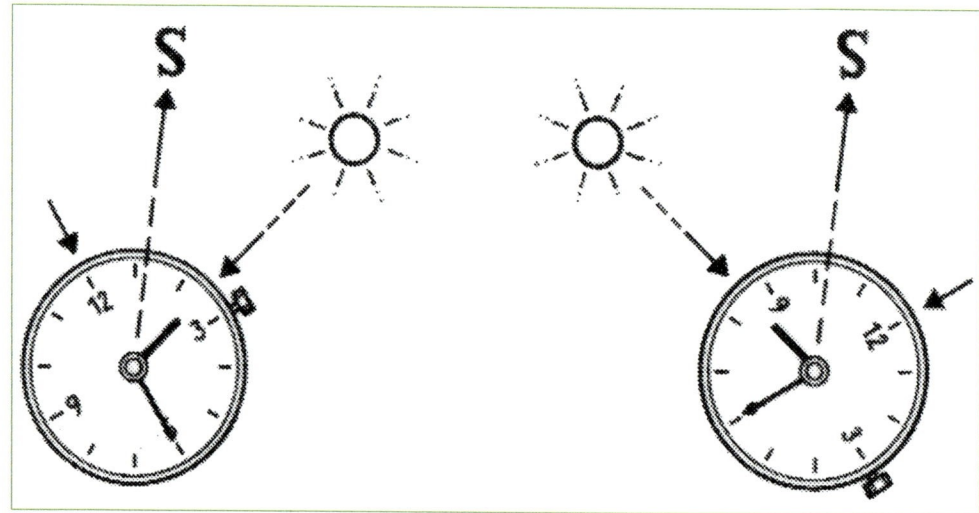

Mit der Zeigeruhr die Himmelsrichtung bestimmen

Orientieren mit GPS

Himmelsrichtung	Sommerzeit	Winterzeit (MEZ)
Südrichtung ermitteln	Stundenzeiger auf den **Mond** ausrichten Winkelhalbierende zwischen Stundenzeiger und 1.00 Uhr	Stundenzeiger auf den **Mond** ausrichten Winkelhalbierende zwischen Stundenzeiger und 24.00 Uhr
Osten	19.00 Uhr	18.00 Uhr
Süden	1.00 Uhr	24.00 Uhr
Westen	7.00 Uhr	6.00 Uhr

Orientieren mit GPS

1995 wurde GPS für zivile Nutzer freigegeben. Es ermöglicht seit der Abschaltung der künstlichen Signalverschlechterung im Jahr 2000 jedem Nutzer eine hohe Genauigkeit von oft weniger als 10 m Abweichung. Bis heute hat es nicht nur die Navigation im Flug-, Schiffs- und Straßenverkehr revolutioniert. Die Technologie scheint geradezu für die Orientierung im weglosen Gelände geschaffen zu sein. Selbst bei Nacht, in dichtem Nebel, im Schneesturm auf einem flachen Gletscher und trotz starker magnetisch bedingter Kompassstörungen kannst du per Knopfdruck feststellen, wo du dich befindest und in welcher Richtung dein Ziel liegt. Damit bietet es einen enormen Sicherheitsgewinn.

Was ist GPS und wie funktioniert es?

Das Global Positioning System (offiziell: NAVSTAR GPS) ist ein vom US-Verteidigungsministerium entwickeltes und betriebenes Satellitensystem zur weltweiten Standort-

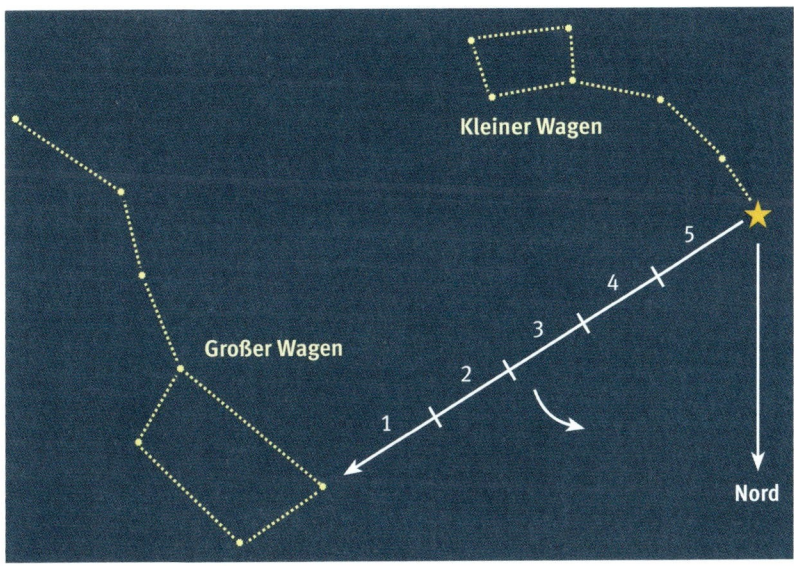

Den Polarstern finden

bestimmung. In einer Höhe von ca. 20000 km kreisen 32 Satelliten um die Erde, die nichts anderes machen als mit kodierten Radiosignalen ihre aktuelle Position und die genaue Uhrzeit auszustrahlen. Unser GPS-Empfänger berechnet aus den Signallaufzeiten seine eigene Position und Geschwindigkeit. Um seine Position genau ermitteln zu können, benötigt er mindestens vier Satellitensignale. Je mehr Satelliten er empfängt, desto genauer wird die Berechnung. Bei eingeschränktem Blick zum Himmel (enge Täler, Schluchten, Wald) kann sich der Empfang daher verschlechtern.

GPS-Geräte – die Hardware

Neben dem eigentlichen Empfänger umfassen GPS-Geräte eine genaue Quarzuhr, einen Datenspeicher und einen Rechner. Viele Geräte sind zusätzlich mit einem elektronischen Kompass und einem barometrischen Höhenmesser ausgestattet. Grundsätzlich reicht für die Anwendung im Gebirge ein Gerät, das die drei Grundfunktionen erfüllt:

Monte Rosa, Wallis

Navigation mit der Handy-App

Einen Wegpunkt markieren

Einen Wegpunkt direkt in der Kartendarstellung setzen

- **Koordinaten** – Wo befinde ich mich?
- **Navigation** – Wie erreiche ich mein Ziel?
- **Bewegung und Zeit** – Wie komme ich auf meinem Weg voran?

Darüber hinaus gibt es unterschiedliche Zusatzfunktionen wie Kartenanzeige, Warnsignale, Mondphasen, Sonnenauf- und -untergangszeit, Höhenprofile etc. Für ein bergtaugliches GPS-Gerät ist jedoch viel wichtiger, dass die folgenden Voraussetzungen erfüllt sind:
- robust und kälteresistent
- wasserdicht
- gute Empfangsantenne
- einfache Bedienung – auch bei Dunkelheit und mit Handschuhen
- geringer Stromverbrauch und auswechselbare Batterien
- gut lesbares Display – auch bei heller Umgebung

Navigation mit der Handy-App

Das Handy ist zum Absetzen eines Notrufs im Notfall sowieso fester Bestandteil jeder Hochtourenausrüstung. Nachdem so gut wie jedes Smartphone heute mit einem GPS-Empfänger ausgerüstet ist, liegt es also nahe, es auch zur Navigation in den Bergen einzusetzen. Verschiedene Webportale, wie Outdooractive.de oder alpenvereinaktiv.com bieten praktische Planungstools sowie kostenloses Kartenmaterial, mit denen sich die Tour direkt auf dem

Handy darstellen lässt. Bei den Karten gilt es darauf zu achten, dass sie offline verfügbar sind, da die Navigation bei begrenztem Datenvolumen sonst schnell teuer wird oder aussetzt, wenn keine Netzabdeckung besteht.

Auch wenn moderne Smartphones den aktuellen GPS-Geräten in Funktion und Anwendung das Wasser reichen können – beachte, dass der Akku bei aktiviertem GPS vielleicht nicht den ganzen Tag durchhält. Auch können die wenigsten Handys hinsichtlich Wasserdichte und Robustheit mit modernen Outdoor-Navigationsgeräten mithalten. Eine stoßfeste und wasserdichte Hülle sowie ein externer Zusatzakku gehören bei der Handy-Navigation auf Hochtour unbedingt ins Gepäck. Auch die meisten Smartwatches haben GPS-Empfänger und Navigationstools integriert und können als Redundanz gute Dienste leisten.

Anwendung: Wie nutze ich GPS im Gebirge?

Unmittelbar nach dem Einschalten sucht dein GPS-Gerät Satellitensignale. Der Empfang lässt sich abschalten, wenn das Gerät zu Planungs- und Lernzwecken im Haus benutzt wird. Die Menüführung der diversen Hersteller ist unterschiedlich. Mache dich in Ruhe damit vertraut.

Die Grundfunktionen

Im Menü kannst du unter »Wegpunkt markieren« deinen aktuellen Standort speichern und benennen. Speichere unterwegs an allen wichtigen Orten (Hütte, Abzweigung

Abstieg am Rochefortgrat

Navigation mit der Handy-App

GPS-KOORDINATEN AUS KARTE ERMITTELN

Lege den Planzeiger so über den ausgewählten Wegpunkt, dass er mit den Koordinatenlinien des ausgewählten Feldes abschließt.	**Beispiel: Oberwalderhütte** (AV-Kartenblatt 40, Glocknergruppe, UTM, WGS84)
Beginne mit dem Rechtswert: Folge der linken Koordinatenlinie bis zum unteren oder oberen Kartenrand. Hier findest du die Rechtskoordinate dieser Linie. Jetzt noch den »Feinwert« bis zum Wegpunkt in Metern addieren (aus dem Planzeiger von der linken Koordinatenlinie aus abmessen) und du hast den Rechtswert berechnet.	**Rechtswert (Ostwert):** Wert der linken Koordinatenlinie: 326000 Von dieser bis zur Hütte: ca. 670 m = 326670
Den Hochwert ermittelst du analog: Erst die untere Koordinatenlinie zum rechten oder linken Kartenrand verfolgen, dann den »Feinwert« (von der unteren Koordinatenlinie aus messen) addieren. Gratulation! Die Koordinaten des ersten Wegpunktes sind da.	**Hochwert (Nordwert):** Wert der unteren Koordinatenlinie: 5219000 Von dieser bis zur Hütte: ca. 400 m = 5219400
Notiere die Werte in dieser Reihenfolge (erst Rechts-, dann Hochwert) auf deine Wegpunktliste. Kontrollblick auf die Koordinaten – dann den nächsten Wegpunkt messen.	**UTM-Koordinaten Oberwalderhütte:** Rechtswert: 326670 Hochwert: 5219400

etc.) die Wegpunkte – das erleichtert dir den Weg zurück, auch bei schlechten Sichtverhältnissen.

Im Wegpunktverzeichnis kann jeder gespeicherte Wegpunkt auf einer Karte angezeigt werden – so kannst du Entfernung und Richtung deines aktuellen Standortes zum Wegpunkt direkt ablesen. Über die »Goto«-Funktion lässt sich jeder Wegpunkt direkt ansteuern. Die Trackaufzeichnung nimmt während des Gehens in bestimmten Zeit- und Entfernungsabständen Punkte auf und verbindet die zurückgelegte Strecke zu einem Track. Du kannst deinen Track speichern und im Falle einer Umkehr über »Trackback« zurücknavigieren.

Eine Route erstellen

Mehrere miteinander verbundene Wegpunkte ergeben eine Route. Die Route führt dich auf der Tour (wie das Navi im Auto) zum Ziel.

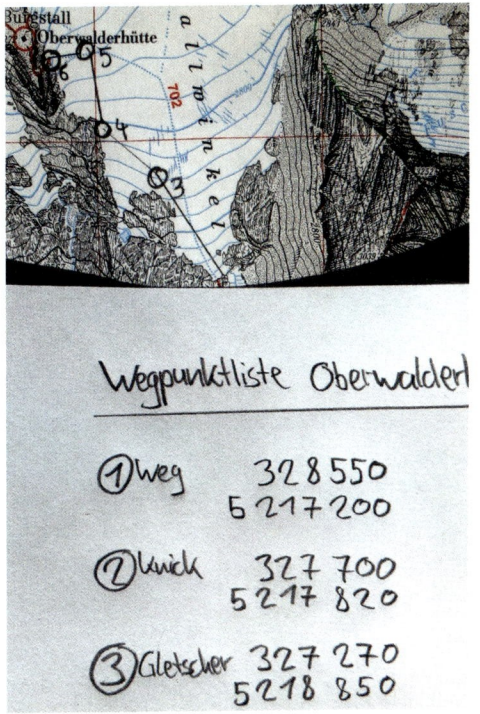

Routenskizze und Wegpunktliste zur Oberwalderhütte

Orientierung im Gelände

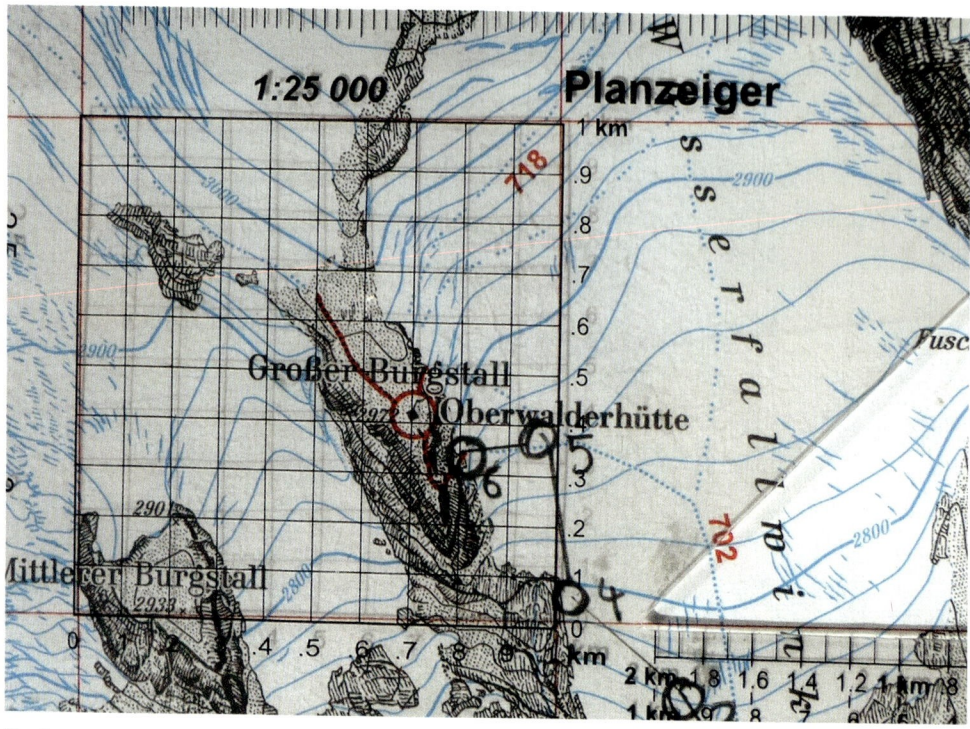
© s. Impressum

Zur Vorbereitung einer Tour kannst du die Route bereits zu Hause erstellen und im GPS-Gerät speichern. Digitale Karten, Planungs-Software oder Koordinaten aus verschiedenen Onlineforen vereinfachen diese Arbeit am Computer erheblich. Die Route wird per Mausklick direkt auf der digitalen Karte erstellt, gespeichert und auf das GPS-Gerät übertragen – fertig. Aufwendiger ist die Tourenplanung ohne Computer. Warum ist es ratsam, sich trotzdem mit der »klassischen« Routenplanung zu beschäftigen? Sie schult das Verständnis für geografische Hintergründe und gibt dir den Freiraum,

> **KURZ UND KNAPP**
>
> › Kontrolliere die aus der Karte gemessenen oder am Computer erstellten Koordinaten in der Natur nach. Messungenauigkeiten führen oft zu größeren Abweichungen!
> › Berücksichtige beim Messen der Koordinaten den Kartenmaßstab. Der Planzeiger enthält die Skalen für die Maßstäbe 1 : 50000 und 1 : 25000.
> › Verlasse dich nicht blind auf das GPS-Gerät: Es sieht keine Gefahren wie Spalten, Wechten und Abbrüche! Auch kann es ausfallen – nimm immer eine Karte mit.
> › Erleichtere dir den Einstieg in die GPS-Orientierung: Plane damit Touren, die dir bereits bekannt sind; nutze es so häufig wie möglich (auch bei einem Waldspaziergang) und spiele die verschiedenen Funktionen immer wieder durch.

Navigation mit der Handy-App

(ohne Computer auf der Hütte) kurzfristig umzuplanen.

1. Zunächst gilt es das passende Kartenbezugssystem im GPS-Gerät einzustellen. Für die Schweizer Landeskarten ist das »Schweizer Gitter, CH-1903« gültig. Für alle Alpenvereinskarten gilt das weltweit genutzte Bezugssystem »UTM, WGS84«.
2. Jetzt legst du die Wegpunkte fest. Zeichne deine geplante Route mit Bleistift in die Karte ein und markiere wichtige Wegpunkte (Hütte, Richtungsänderungen, Gipfel etc.) auf dieser Linie.
3. Erstelle eine Liste mit den nummerierten Wegpunkten. Eine Kurzbezeichnung für jeden Wegpunkt (Hütte, Baum, Moräne, Gletscher etc.) sorgt für besseren Überblick.
4. Ein Planzeiger erleichtert dir das Ermitteln der Wegpunktkoordinaten. Jede Koordinate besteht aus einem Rechts-(Ost-) und einem Hochwert (Nordwert). Genaues Messen und Übertragen ist essenziell – bereits kleine Zahlenabweichungen führen im Gelände zu erheblichen Fehlweisungen.
5. Jede Koordinate wird über die Funktion »Wegpunkt anlegen« separat in das GPS-Gerät eingegeben. Wenn alle Wegpunkte erfasst sind, verbindest du die Wegpunkte zu einer Route.
6. Abschließende Kontrolle: Über die Kartenfunktion des GPS-Geräts kannst du den Routenverlauf mit der gezeichneten Route abgleichen. Genauer ist es, mit dem GPS-Gerät die Distanz zwischen den Wegpunkten zu berechnen und anschließend in der Karte nachzumessen.

Auf dem Glacier du Tour, Chamonix

Im »Spaltenlabyrinth« am Huascarán 6768 m, Cordillera Blanca, Peru

Gehen, Steigen, Klettern

Unterwegs in Fels und Eis

So wie die Schwierigkeitsbewertungen das Fundament bei der Tourenplanung legen, sind ökonomische Geh- und Klettertechniken das Fundament des Unterwegsseins in Fels und Eis. Ein Sturz ist fast immer die Folge eines Bewegungsfehlers und, ausgerüstet mit spitzem Pickel und Steigeisen, auch seilgesichert oft mit Verletzungen verbunden. Das richtige Bewegen fängt bereits beim Stapfen im Schnee an, daher werden die grundlegenden Fortbewegungstechniken hier schrittweise vermittelt – mit und ohne Hilfsmittel, von flachem zu steilem Gelände, vom Schnee zu Fels und Eis.

Zwei Grundsätze prägen die Fortbewegung im Gebirge: Ökonomie und Stabilität. Eine durchschnittliche Hochtour dauert doppelt so lange wie ein Marathonlauf, also muss ich

> **KURZ UND KNAPP**
>
> Ökonomische und sichere Fortbewegungstechniken in Fels und Eis, mit schwerem Rucksack, mit und ohne Steigeisen/Pickel sind das Fundament erfolgreicher Hochtouren. Im Training sollten sie immer wieder geübt werden; das ist wichtiger, als den Schweizer Flaschenzug im Schlaf zu beherrschen.

von der Hütte weg mit meinen Kräften haushalten. Stabil sollte ich auch nach acht Stunden noch sein, um Stürze zu vermeiden. Wie bei der Fahrradgangschaltung werden die Schritte kleiner und die Frequenz langsamer, sobald es steiler wird. Ich bin schon häufig nach überwundenen Schwierigkeiten in vermeintlich leichtem Gelände gestolpert, weil dort die Konzentration nachlässt!

Die Körperschwerpunktslinie verläuft etwa wie der Pickel vom Becken in die Standfläche.

Zur Wahrung der Stabilität ist, auch um die folgenden Abschnitte zu verstehen, ein Verständnis vom Körperschwerpunkt (KSP) nötig: Der KSP befindet sich beim Gehen im flachen bis mittelsteilen Gelände im Zentrum unseres Rumpfes etwa auf Bauchnabelhöhe und muss stets über der Standfläche sein. Wer steil bergab geht und stabil bleiben will, beugt automatisch die Knie, damit die Körperschwerpunktslinie weiter auf die Standfläche trifft.

Einsatz von Teleskopstöcken – Pro und Kontra

Mitte der 80er-Jahre kamen die Teleskopskistöcke auf. Lange vor der Nordic-Walking-Zeit waren sie im Gebirge ursprünglich dafür gedacht, bei richtigem Einsatz im Abstieg die Knie zu entlasten (um bis zu 30 % pro Schritt, das sind ein paar Tonnen Gewicht weniger, die bei jedem verdammten Abstieg auf die Gelenke hämmern!). Heute ist zu beobachten, dass viele ihre Stöcke auch im Aufstieg benutzen. Abgesehen davon, dass der ursprüngliche Effekt der Entlastung im Aufstieg weder nötig noch möglich ist, dienen die Stöcke als Gleichgewichtshilfe. Doch genau

Für gelegentliche Stufen reicht, richtig eingesetzt, auch ein einzelner Stock. Dann ist die andere Hand für den Pickel oder den Fels frei.

hier liegt der Hase im Pfeffer: Hat man sich erst mal daran gewöhnt, ist man ohne Stöcke richtig wackelig! Dies wird zum Problem, da es auf Hochtouren immer wieder Situationen gibt, in denen die Stöcke verstaut werden müssen.

Gehen in Schnee und Firn

Tiefer Schnee

Auch im Sommer gibt es im Hochgebirge regelmäßig Neuschnee, da kommen schnell mal 30–50 cm zusammen. Schneeschuhe hat man keine dabei, die Lawinensituation ist wie im Winter zu berücksichtigen. Schließlich steht die Entscheidung, dass die Tour durchgeführt werden kann. Nun hängt der Gipfelerfolg vom extrem anstrengenden Stapfen im tiefen Schnee ab.

> **EXPERTENTIPP**
>
> › Bei einer flachen Gletscherbegehung sind zwei Stöcke hilfreich; wird es steiler oder spaltengefährdet, hat man in einer Hand den Pickel. Nach unserer Erfahrung ist es am günstigsten, überhaupt nur einen Stock zu benutzen.
> › Bei leichten Kletterstellen im kombinierten Gelände sollte man wenigstens eine Hand für den Fels (oder das Drahtseil bei gesicherten Passagen) frei haben. Also auch hier besser nur ein Stock, mit dem man große Schritte, speziell im Abstieg, leichter überbrückt.

Firn

Firn ist verhärteter, deutlich gesetzter Schnee, in den sich aber, anders als im Eis, noch mit dem Fuß eindringen lässt. Firn ist in hohen Lagen im Sommer der Normalfall. Ist man im Firn ohne Steigeisen unterwegs (kurzer Abschnitt, keine Absturzgefahr), hat sich der *Sichelschritt* bewährt: Beim Aufstieg in der Querung reißt die Außenkante des bergseitigen Schuhs den Schnee an und schafft somit eine kleine Trittfläche.

Der nachsteigende Fuß tut Gleiches mit der Innenkante. Je steiler die Sohle, umso besser funktioniert der Sichelschritt. Dies ist nur einer der zahlreichen Gründe, sich für Hochtouren steigeisenfeste und gut profilierte Schuhe zuzulegen!

Sichelschritt im Firn. Wichtig ist, in den Kurven deutliche Plattformen zu treten.

Am Mont Maudit bei der Mont-Blanc-Überschreitung, 45° Steilheit: Deutlich ist zu sehen, wie die Kletterer ihren ganzen Unterschenkel einsetzen.

EXPERTENTIPP

› Kleine Schritte bringen weiter als große! Dies gilt besonders für den Spurenden, wenn er Leute mit kürzeren Beinen in der Gruppe hat.
› Die Schwächsten gehen hinten! Hier ist die Spur bereits verdichtet.
› Ob es ökonomischer ist, in Falllinie oder in Serpentinen aufzusteigen, ist gelände- und schneeabhängig.
› Stöcke brauchen auch im Sommer Skiteller (ca. 8 cm Durchmesser), die kleinen Sommerteller versinken im Schnee, auch wenn dieser bereits gesetzt ist.
› Wenn es im tiefen Schnee steil hinaufgeht, ist das Spuren eine Sisyphusarbeit. Um die neue Stufe nicht beim Aufrichten immer wieder zu zerstören, sollte der ganze Unterschenkel in den Schnee gedrückt werden. Damit erzeugt man mehr Fläche. Die Hände kann man in den Schnee »stecken« und zusätzlich unterstützend einsetzen.

Abfangen von Stürzen im Schnee

Die hier beschriebene Liegestütztechnik funktioniert nur in weichem Schnee. In hartem Schnee sind Pickel und Steigeisen obligat! Schon im Stürzen sollte man schnellstmöglich, bevor man richtig Fahrt aufnimmt, in folgende Position mit Gesicht zum Berg und

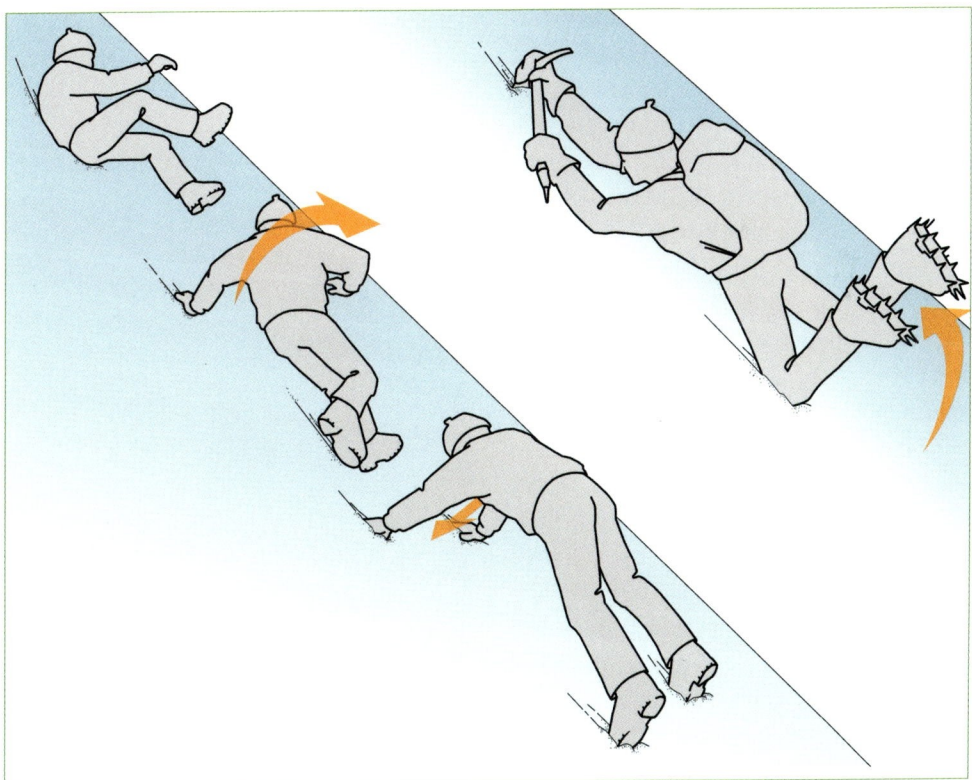

Stürzen im Firn mit und ohne Steigeisen/Pickel (abfotografiert aus OP Bergsteigen, S. 137)

> **EXPERTENTIPP**
>
> **NUR Steigeisen oder NUR Pickel?**
> Beim Wandern im Frühsommer ist ein Pickel hilfreich, um in steilen Schneefeldern, die nicht umgangen werden können, Stufen zu schlagen. Auf Skitouren ohne Gletscher benutzt man bisweilen nur Steigeisen, um steile, harte oder enge Passagen sicher zu überwinden. Auf Hochtour gilt jedoch: Selbst beim leichten Gletschertrekking gehören Pickel und Steigeisen zur Standardausrüstung, allein schon wegen der Spaltenrettung (siehe Kapitel »Notfälle meistern«).

Kopf nach oben kommen: Stürzt man seitlich, dreht man sich zum Hang und bohrt einen Ellbogen in den Boden – der Körper dreht sich um diese Achse und gerät in die Längsposition. Stürzt man nach hinten unten, kann sogar eine Rolle rückwärts die schnellste Art sein, auf den Bauch zu kommen. Sobald diese Position erreicht ist (wir reden von Sekundenbruchteilen!) kommt die eigentliche Liegestütztechnik zum Einsatz: Hände und Füße bohren sich in den Schnee, der Körper richtet sich wie beim Liegestütz auf. Schnell stoppt die Fahrt. Zum Ausprobieren eignet sich ein steiler Schneehang ohne Steine, der flach ausläuft.

Achtung: Wer mit Steigeisen stürzt, sollte nicht mit den Füßen bremsen, da es einen dann »aufstellt« und man Gefahr läuft, hintüberzukippen. Hat man einen Pickel, kann man diesen im Fallen vor dem Gesicht mit der Haue in den Schnee einbringen: Die eine Hand ist am Schaft, die andere umfasst den Pickelkopf und drückt die Haue in den Schnee. Dies ist »kontraintuitiv« und kann nur funktionieren, wenn man es oft in leichtem Gelände geübt hat! Aber ausgerüstet mit Pickel und Steigeisen kann man ja nicht mehr ausrutschen, also warum stürzen?

Stufenschlagen

Trotz Steigeisen kann es nötig sein, Stufen mit dem Pickel ins Eis zu schlagen. Spätestens dann, wenn unerfahrene Steigeisengeher auf eine steile Stelle im Blankeis stoßen, wie dies häufig am Rand des Gletschers der Fall ist. Der sicherste Steigeisengeher in der Gruppe sollte dann vorausgehen und die Stufen schlagen. Die jeweilige Technik ist von der Härte des Eises abhängig. In weichem, oberflächlich luftgefülltem Eis reicht es, mit der Pickelschaufel Trittkerben freizukratzen. Ist es hart, schlägt man das Eis zunächst mit der Haue an (vom Rand zur Mitte der gewünschten Plattform) und kratzt es dann mit der Schaufel aus. Die Stufen sollten eine für alle ausreichend große horizontale Fläche bieten, dies gibt Sicherheit.

Stufenschlagen im Abstieg kann man auch üben. Links eine fertige Spur im Eis, hat nicht lange gedauert!

Vertikalzackentechnik auf dem aperen Gletscher

Zunächst müssen zwei Arten von Zacken am Steigeisen unterschieden werden, die für zwei grundverschiedene Fortbewegungstechniken gedacht sind. Das sind die 2–4 schräg nach vorn geneigten Frontalzacken zum Klettern überwiegend mit der Fußspitze und die 10–12 nach unten geneigten Vertikalzacken zum Gehen auf der Fußsohle. Als Kinder fangen wir erst an zu klettern und lernen später das Gehen, beim Bergsteigen ist es umgekehrt: Erst müssen wir zum Einstieg gelangen – entsprechend beginnen wir mit der Vertikalzackentechnik.

Die Grundidee bei der Vertikalzackentechnik, nach ihrem Erfinder auch Eckensteintechnik benannt, ist, bei jedem Schritt immer alle vertikalen Zacken so tief wie möglich ins Eis bzw. den Firn zu bringen. Wenn es im harten Schnee steiler wird, heißt es also zunächst mal umzudenken: Nutze ich beim Sichelschritt nur den Teil der Sohle, welchen ich in die Stufe »stecke«, muss ich, nachdem ich die Steigeisen angelegt habe, den ganzen Fuß hangparallel kippen, um alle Vertikalzacken einzubringen. Wir empfehlen, die Vertikalzackentechnik alljährlich zu Beginn der Hochtourensaison aufzufrischen. Das gibt Sicherheit und führt nebenbei zum Abgleich des persönlichen Könnens in Gruppen. Folgender kleiner Crashkurs eignet sich sowohl zum Erlernen wie zum Auffrischen. Die ersten Übungen machen wir ohne Pickel, um zunächst die Fußtechnik zu automatisieren. Am flachen Gletscher geht man ohnehin eher am Stock. Zum Üben wähle ich gern den flachen, aperen Gletscher (nicht steiler als 15°) mit flachem Auslauf und idealerweise ein paar Spaltenlippen, die über wenige Meter aufsteilen. Das Gelände sollte frei von liegenden

Steigeisengewöhnung in der Gruppe

Hunku-Valley, Nepal

Gehen, Steigen, Klettern

> **KURZ UND KNAPP**
>
> Die Frontalzacken der Steigeisen werden ausschließlich zum Klettern in Steilpassagen eingesetzt, wo man sich mit Blick zur Wand und Pickelunterstützung hocharbeitet. Bei der Vertikalzackentechnik dagegen sollen immer alle Vertikalzacken ins Eis eindringen. Dazu setzt man die Fußsohle parallel zum Eis auf und rollt den Fuß nicht ab. Man übt am besten zunächst ohne Pickel.

und herabstürzenden Steinen sowie sonstigen alpinen Gefahren sein.

• Grundstellung
Bei der Grundstellung stehen die Füße etwa schulterbreit auseinander und leicht in V-Form: Wichtig ist zu Beginn vor allem Lockerheit, man geht in flachem Gelände mit normaler Schrittlänge, rollt den Fuß aber nicht ab, sondern setzt ihn plan auf, um alle Vertikalzacken stabil einzubringen. Um nicht im Wadenbereich bei den Hosenbeinen einzufädeln (auch bei Profis beliebt, schaut euch unauffällig die eingerissenen Hosen mancher Bergführer an), bieten sich Gamaschen oder eben enge Hosen an.

• »Guten Tag!«
Man läuft kleinräumig eng durcheinander und stellt sich mit Handschlag vor. Läuft es rund, kann das Tempo erhöht und der Raum verkleinert werden.

• Stockparcours
Die Stöcke (oder Pickel) werden wie im Bild durchlaufen. Nun heißt es, den Fuß präzise zu setzen. Folgende Variationen sind aufbauend denkbar:

Und hopp!

Vertikalzackentechnik auf dem aperen Gletscher

- den Parcours in Schlangenlinien durchqueren
- eine 180°-Drehung am Anfang/Ende; wenn man sich begegnet, wieder die Hände schütteln
- laufen statt gehen
- beidbeinig springen wie im Bild

- Wanderung
Nun machen wir eine gemeinsame Wanderung. Dabei ist es wichtig, sämtliche Eisstrukturen wie zum Beispiel kleine Wasserrinnen auszunutzen, um wirklich immer auf allen Vertikalzacken zu stehen. Am Ende ist auch mal eine Polonaise drin, oder?

- Steiler Abschluss: Der Übersetzschritt
Idealerweise kommen wir am Ende unserer kleinen Wanderung zu einem kurzen, jedoch 20–25° steilen Aufschwung. Hier ist es schwierig bis unbequem, im Aufstieg alle Vertikalzacken einzusetzen – das macht die Achillesferse der meisten Leute nicht mehr mit. Es ergibt sich fast von selbst der Übersetzschritt. Diese Bewegungstechnik unterscheidet sich von der Fortbewegung ohne Steigeisen und wird daher etwas ausführlicher erläutert:

Der Übersetzschritt ist geeignet, um steile Passagen im Aufstieg in Serpentinen zu überwinden. Beim Übersetzschritt zeigen die Zehen nicht mehr in Marschrichtung, sondern sind talwärts geneigt: Je steiler, desto mehr dreht die Fußspitze für einen stabilen Stand in Falllinie. Bewegungsbeschreibung: Wir stehen – die Füße schulterbreit auseinander – mit V-förmiger Ausgangsstellung, jedoch so eingedreht, dass die Schulter nach vorne gedreht ist. Für eine gedachte Diagonale durch den Hang von links unten nach

Das Gelände wird bewusst mit allen Vertikalzacken betreten.

KURZ UND KNAPP

Mit dem Übersetzschritt lassen sich Steilheiten von 25–40° sicher in der Querung bewältigen, und damit ist ein großer Teil des mittelschweren Hochtourengeländes im Eis abgedeckt! Je steiler es ist, desto mehr zeigen die Zehen beim Setzen der Füße nach unten.

Deutlich ist zu sehen, wie die Zehen des übersetzenden Fußes talwärts gedreht werden, weil es steiler wird.

rechts oben zeigt also die linke Schulter in Richtung des Zielpunktes. Nun schlenzt der rechte Fuß locker vor dem linken vorbei und stellt sich etwas höher nah bei dem anderen Fuß wieder ein – mit allen Vertikalzacken, Zehen talwärts. Wie sehr die Zehen talwärts zeigen, hängt vom persönlichen Sicherheitsbedürfnis ab: Stellt man sie komplett in Falllinie, steht man am sichersten, macht aber auch am wenigsten Höhe. Also sollte sich die Fußposition der Steilheit anpassen. Der folgende Schritt des linken Fußes, bei dem die instabile Überkreuzstellung wieder aufgelöst wird (hinten vorbei, oder bist du ein Korkenzieher?), kann ruhig etwas größer sein (leicht über schulterbreit), da wir hier ja wieder in die stabile Position kommen.

Ist es richtig steil, stellt sich die Frage nach den Serpentinen oder Spitzkehren. Was nützt das ganze Stabilstehen, wenn man in der Kurve, die ohnehin am heikelsten ist, alles wieder auflöst und die Frontalzacken bemüht? Hier gibt es eine einfache Lösung: Man dreht sich einfach talseitig. Wenn ich den letzten Kreuzschritt auflöse, drehe ich mich ganz in die Falllinie, um aus der stabilen Grundstellung wieder talseitig den

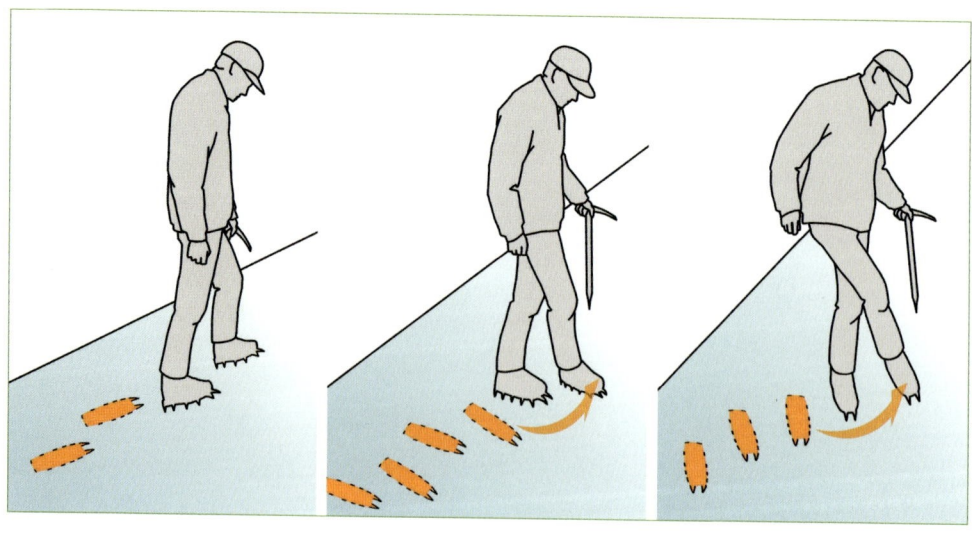

Vertikalzackentechnik auf dem aperen Gletscher

Abstieg mit »Spazierstockpickel«

Abstieg in Falllinie

nächsten Übersetzschritt in die neue Richtung zu machen.

Beim Abstieg

Da man im Abstieg an keine physiologischen Grenzen stößt (gemeint ist die limitierte Dehnbarkeit der Achillesferse im Aufstieg), kann man guten Gewissens in Falllinie gerade absteigen, aus der Grundstellung heraus. Die beiden Bilder zeigen deutlich, wie das Becken zur Erhaltung einer günstigen Körperschwerpunktslage mehr gebeugt wird, wenn es steiler wird.

In der Praxis wird man in hochalpinem Gelände natürlich nicht so locker in Falllinie mit dem Blick ins Tal absteigen wie an einem kleinen Aufschwung im Gletscherbruch. Auch wird man im Firn vorhandene Spuren nutzen (die häufig von Leuten angelegt wurden, welche die Vertikalzackentechnik noch nie geübt haben) und daher häufig in Steilpassagen seitversetzt absteigen. Dennoch kann man sich im Steilgelände deutlich lockerer bewegen, wenn man die Abläufe vorher mal übt. So machen wir weiter:

- Sirtaki

Ist der Übersetzschritt einigermaßen »automatisiert«, kann man in der Gruppe den Sirtaki tanzen, der ja bekanntlich immer schneller wird ... Mitsingen, mittanzen! Wie, erklärt sich aus dem Bild. Wichtig ist, dass der/die Mittlere klar den Rhythmus vorgibt und sich alle an dessen Füßen orientieren. Viel Spaß!

Gletscher-Sirtaki

Bergsteiger Rot hat bereits die lockere Grundhaltung im Abstieg, Bergsteiger Blau ist noch etwas zaghaft.

Einsatz des Pickels

Nun kommen wir in Steilheiten, wo der Pickel als Hilfsmittel Sinn macht. Der Pickel wird immer bergseitig eingesetzt. Die Hand umfasst den Kopf so, wie es angenehm und stabil ist. Die Pickelhaue sollte nach hinten zeigen, um die Verletzungsgefahr zu minimieren, falls man z. B. mit der Pickelhand ins Gesicht (»Rotze wegwischen«) oder, im Sturzfall, unter den Bauch kommt.

> **EXPERTENTIPP**
>
> Die meisten Leute halten die Pickelschlaufe am Handgelenk. Solange man den Pickel als Steighilfe mit Vertikalzackentechnik einsetzt, empfehlen wir, die Schlaufe nicht zu benutzen, da es sich hier meist um Serpentinengelände handelt und man in jeder Kurve die Schlaufe wechseln muss. Dies ist nicht nur mühsam, sondern auch gefährlich, da es ja von der eigentlichen motorischen Aufgabe im Absturzgelände ablenkt. Die Sorge, den Pickel zu verlieren, sollte durch entsprechendes Üben minimiert werden!

Integrieren wir nun den Pickel in den Übersetzschritt, so ergibt sich die »Zweipunktregel«: Analog zur Dreipunktregel beim Klettern ist das Ziel, immer mindestens einen Fuß und den Pickeldorn oder beide Füße am Boden zu haben. Die Ausgangsstellung ist wie oben: Füße schulterbreit auseinander gestellt und die in Marschrichtung führende Schulter leicht zum Hang gedreht. Der richtige Abstand beim Setzen des Pickels in Gehrichtung ergibt sich wiederum aus der individuell angemessenen Mischung aus Sicherheitsbedürfnis und Ökonomie: zu nah = wenig Fortkommen, zu weit = Beugung des Oberkörpers und damit instabiler Stand. Der Pickel wird lotrecht kraftvoll in den Schnee eingebracht und am Kopf aktiv aufgestützt, so gibt er in der heiklen Überkreuzphase der Füße Sicherheit. Es ergibt sich ein Dreierrhythmus. Füße kreuzen – auflösen – Pickel erneut setzen. Es ist von Beginn an darauf zu achten, dass der Pickel niemals in der instabilen Kreuzposition neu gesetzt wird, auch wenn man sich gerade vermeintlich sicher fühlt.

Der Biancograt am Piz Bernina

Am Firngrat

Hier zeigt sich, wer im Gletscherbruch wirklich die Vertikalzackentechnik geübt hat: Es ist ja das gleiche Gelände, nur dass man womöglich auf eine Nordwand blickt, wo es sehr weit hinuntergeht. Oft ist jedoch eine Spur vorhanden, die sich, wenn sie gut gelegt ist, immer wieder vor den Wechten hütet und in den Hang ausweicht. Oberhalb verläuft dann eine regelrechte Perforationslinie aus Pickellöchern, die, besonders nachdem sie ein paar Mal durchgefroren sind, wunderbare Gelegenheiten bieten, den Pickel dort hineinzustecken und ihn als Stütze zu nutzen.

Am Gipfelgrat des Matterhorns gibt es im Sommer meist Pickellöcher, die man nutzen könnte, wenn man nicht den Pickel fürs Foto recken müsste.

Gehen, Steigen, Klettern

Der »Pitztaler Eisexpress« geht im Frühjahr mit Ski besonders flott ...

Klettern im steilen Eis

Pallavicinirinne, Ortler-Nordwand, Piz-Roseg-Nordostwand – klangvolle Namen, die in der Mitte des letzten Jahrhunderts die Topziele für jeden ambitionierten Alpinisten waren. Mit zunehmender Ausaperung wurde es zumindest im Sommer still in den Eiswänden. Hartnäckige Steileisanhänger verlegten sich auf den Winter oder wechselten zu gefrorenen Wasserfällen. Ausrüstung und Technik haben sich enorm weiterentwickelt. Auch wenn sich der Ansturm in Grenzen hält, heute werden die klassischen Nordwände wieder regelmäßig geklettert – im Winter oder Frühjahr, wenn die Verhältnisse stimmen. Bei richtiger Vorbereitung und effizienter Steileistechnik ist eine klassische Eiswand heute wieder ein alpinistisches Highlight!

Steigeisen- und Pickeleinsatz
Klettern mit den Frontalzacken
Auf den Vertikalzacken zu gehen ist die kräfteschonendste Möglichkeit, im Eis unterwegs zu sein. Sobald das Gelände jedoch zu steil wird, wechseln wir automatisch auf die zwei frontal nach vorne stehenden Zacken unserer Steigeisen. Längeres Stehen und Gehen auf den Frontalzacken beansprucht unsere Wadenmuskulatur in besonderem Ausmaß. Eine funktionelle Technik (und intensives Wadenmuskeltraining) sichern den Genuss: Füße parallel stellen, etwas über hüftbreit mit leicht gebeugten Knien.

- Der Körper ist aufrecht und nicht zu nah am Eis (Körperschwerpunkt über der Standfläche), die Fersen sind etwas tiefer als die Zehen.
- Achte darauf, dass beide Frontalzacken gleichmäßig ins Eis eindringen (Fußachse 90° zur Eisoberfläche).

- Mit mittelgroßen Schritten hochtreten – dabei jeweils mit dem Unterschenkel leicht ins Eis kicken, um die Frontalzacken zu verankern. Einmal stabil gesetzte Zacken können sich durch Bewegung wieder lockern.

Kopfstützpickel

Für Flanken und Steilstufen zwischen ca. 40 und 55°, wenn das Gelände für den Pickeleinsatz als Spazierstock zu steil wird, ist seine Verwendung als Kopfstützpickel die perfekte Technik.
- Fasse den Pickel am Kopf und richte die Haue nach vorne aus.
- Bei aufrechtem Körper setzt du die Haue (je nach Steilheit zwischen Hüft- und Brusthöhe) ohne Einschlagen ins Eis und stützt dich daran ab. Den Vorgang wiederholst du mit dem zweiten Eisgerät. Wenn du nur ein Eisgerät benutzt, stütze dich mit der freien Hand am Eis ab.
- Gewöhne dir einen festen Rhythmus an: Pickel setzen – Schritt – Schritt – Pickel setzen – Schritt – Schritt – ...
- Mit dieser Technik kannst du im Eis frontal auf- und absteigen.
- Der Bewegungsablauf für Querungen: Pickel seitlich versetzen – Spreizschritt in dieselbe Richtung – zweiten Fuß nachsetzen – ...

Schaftzugpickel

Zu dieser Technik solltest du erst übergehen, wenn die Geländesteilheit es wirklich verlangt. Sie kostet viel Kraft, insbesondere bei spröden Eisverhältnissen, wenn du zum Setzen der Haue mehrere Schläge benötigst. Ziel ist es, die Haue so im Eis zu verankern, dass sie einerseits hält und sich andererseits ohne großen Kraftaufwand lösen lässt.

»Kicken« in der Brochkogel-Nordwand, Ötztaler Alpen

- Den Pickel oder das Eisgerät am Schaft weit unten greifen, über die Schulter ausholen und mit einer möglichst natürlichen, runden Schlagbewegung setzen. Die Bewegung beginnt mit der Schulter und endet mit einem Nach-vorne-Kippen des Handgelenks, kurz bevor die Haue ins Eis eindringt.
- Setze die Haue nicht zu hoch an (kein gestreckter Arm). Eine Platzierung in Mulden und Vertiefungen ist stabiler und hat weniger Sprengwirkung, die gefährlichen Eisschlag verursachen könnte.
- Bereite das »Placement« mit mehreren sanften Schlägen vor, wenn das Eis splittrig und spröde ist. Einmal gesetzte

Gehen, Steigen, Klettern

Kopfstützpickel

Schaftzugpickel

Kletterposition

Hauen nicht mehr bewegen und nur nach unten belasten.
- Das Eisgerät lässt sich nach oben aushebeln. Leichte Schläge von unten und mehrmaliges Auf- und Abdrücken lösen auch festsitzende Geräte.

Kletterposition

Je steiler das Gelände wird, desto wichtiger wird unsere Körperspannung. Die Kraft unserer Unterarme ist beschränkt, es gilt möglichst viel Gewicht auf die Beine zu verlagern. In der Grundstellung sind beide Eisgeräte schulterbreit mit leicht gebeugten Ellbogen gesetzt. Die Beine leicht spreizen und die Knie etwas beugen. Die Hüfte nach vorne schieben und den Oberkörper zurücklehnen. So stehst du stabil und die Beine tragen die Hauptlast deines Gewichts.

Paralleltechnik

Sie bietet hohe Stabilität und ist deshalb für den Einstieg und schwieriges Gelände gut geeignet.
- Aus der Grundstellung heraus die Hüfte vom Eis wegbewegen und den Körperschwerpunkt auf ein Bein verlagern.
- Wechselseitig mit zwei bis drei Schritten höher treten, bis deine Arme angewinkelt sind (Hauen sind zwischen Schulter- und Kopfhöhe).
- Jetzt wieder die Grundstellung (Hüfte zum Eis) einnehmen und die Eisgeräte nacheinander höher setzen.

Dreieckstechnik oder Diagonaltechnik

Diese Technik ist nicht nur eleganter, sondern auch ökonomischer als die Paralleltechnik. Die Eisgeräte werden seltener gesetzt, was viel Zeit für das Schlagen und Lösen einspart. Der Preis dafür ist eine etwas komplexere Koordination und mehr Anstrengung in den

Klettern im steilen Eis

Armen, da diese beim Weitertreten nicht gleichmäßig belastet sind.
- Aus der Grundstellung heraus höhertreten, bis sich beide Hauen auf Schulterhöhe befinden.
- Ein Eisgerät höhersetzen (mittig, über dem Kopf) – das zweite Eisgerät bleibt auf Schulterhöhe.
- Jetzt die Hüfte nach hinten drücken und Gewicht auf das obere Eisgerät verlagern.
- Wechselseitig mit drei kleinen Schritten höher treten, bis der Kopf auf Höhe der oberen Haue ist
- Die Grundstellung (Hüfte zum Eis) einnehmen. Das untere Eisgerät lösen und über Kopf neu setzen.

In der Praxis wird meist eine Mischform zwischen Parallel- und Dreieckstechnik angewendet.

Paralleltechnik

EXPERTENTIPP

› Deine Beine sind kräftiger als deine Arme. Deshalb sollte die Hubarbeit aus den Beinen heraus erfolgen. Die Hände an den Eisgeräten stabilisieren lediglich das Gleichgewicht.
› Viele moderne Steigeisen haben auswechselbare und in der Länge einstellbare Frontalzacken. Lange Frontalzacken sind optimal für Schnee- und Eisrinnen oder Eisfälle von geringer Schwierigkeit. Kurze Frontalzacken sind besser im Mixedgelände mit Fels oder auf sehr hartem Eis. Dann liegt die zweite Zackenreihe auf dem Fels oder dem Eis auf, wodurch zusätzliche Stabilität erzielt wird und die Waden nicht so schnell ermüden.
› Eisschraubenlöcher, Einschlaglöcher der Vorgänger oder sonstige Vertiefungen kannst du für die Platzierung der Eisgeräte nutzen. Die Haue des Eisgeräts ohne Kraftaufwand in das Loch setzen und nach unten belasten.

Dreieckstechnik oder Diagonaltechnik

Eisschrauben setzen

Eisschrauben setzen

Als verlässliche und leicht zu setzende Fixpunkte kommen im Steileis nur Rohreisschrauben mit Kurbel infrage. Sie bieten den Vorteil, dass sie auch aus der Kletterstellung heraus schnell und einfach zu setzen sind – die Voraussetzung für freie Begehungen (ohne Rasten an Fixpunkten).

- Aus der Grundstellung heraus mit einer Hand die Eisschraube hüfthoch und körpernah eindrehen.
- Den ganzen Kopf der Kurbeleisschraube für 1–2 Umdrehungen andrücken, bis die Schraube »beißt«. Dann zur Kurbel wechseln und bis zum Anschlag eindrehen.
- Zu lange Schrauben können abgebunden werden. Besser ist es aber, kürzere Schrauben zu verwenden oder sie in dickerem Eis zu platzieren.
- Während des Eindrehens kann eine als Zwischensicherung vorbereitete Expressschlinge am freien Eisgerät eingehängt werden. Wenn die Eisschraube sitzt, die Expressschlinge nur noch umhängen.

> **EXPERTENTIPP**
> › Bei kombinierten Touren solltest du den zu erwartenden Schwierigkeiten locker gewachsen sein und viel Erfahrung in Fels und Eis mitbringen.
> › Informiere dich vorher über die zu erwartenden Verhältnisse und steige nur bei guter Vorbereitung und sicheren Bedingungen ein (Wetter, Schneeverhältnisse, kalte Temperaturen sind sicherer als warme).

Klettern im kombinierten Gelände

Das Klettern in kombinierten Wänden fordert den ganzen Alpinisten. Im Fokus stehen weniger die absoluten Schwierigkeiten als die Gesamtanforderungen der Wand. Sie sind Reiz und Herausforderung zugleich, und gekennzeichnet durch:

- oft schlechte Absicherung – Stürzen ist an vielen Stellen »nicht erlaubt«
- wechselnde Verhältnisse, komplizierte Routenführung
- brüchiger Fels, Stein- und Eisschlag
- anspruchsvolle Felspassagen müssen oft mit Bergstiefeln und Steigeisen geklettert werden

Zwei Seilschaften in der Brochkogel-Nordwand, Ötztaler Alpen

Klettern im kombinierten Gelände

Am Ende des Hinterstoißer-Quergangs in der Eiger-Nordwand, Berner Alpen

- schwerer Rucksack – oft mit Biwakausrüstung
- im Winter und Frühjahr bessere Bedingungen – dafür kürzere Tage

Um eine kombinierte Tour mit Sicherheit und Genuss zu begehen, ist neben den konditionellen und technischen Kompetenzen eine intensive Vorbereitung und sorgfältige Planung nötig.

Felspassagen vorbereitet angehen

1. Je nach Länge und Schwierigkeit der Felspassage gilt es zu entscheiden, ob mit oder ohne Steigeisen geklettert wird. In anspruchsvollen, langen und trockenen Felspassagen kann auch ein Wechsel auf Kletterschuhe sinnvoll sein. Bestimmte Felsstrukturen (Leisten, Löcher) sind mit Steigeisen besser zu klettern als ohne.
2. Die Eisgeräte erleichtern das Halten an schmalen Leisten, Löchern und Kanten oft deutlich (siehe Kapitel »Wasserfall- und Mixedklettern«).
3. Klettern auf verschneitem oder vereistem Fels erfordert besondere Vorsicht. Tritte vor dem Belasten testen und Schnee/Eis ggf. entfernen.
4. Grundsätzlich kommen alle Bewegungstechniken für das Felsklettern zum Einsatz (ergänzende Tipps und Hinweise siehe Outdoor-Praxis »Alpinklettern«). Das Klettern mit schweren Bergschuhen und Steigeisen lässt sich in harmlosem Gelände gut trainieren.

Sind zwingende Kletterstellen zu überwinden wie hier am Breithorn-Ostgrat im Wallis, müssen die klassischen Sicherungstechniken für das Felsklettern beherrscht werden.

Sicherungspraxis

»Angemessen sichern«

»Sichern« bedeutet beim Bergsteigen, über ein Seil mit einem Partner und/oder Fixpunkten in Fels und Eis verbunden zu sein. Es gibt nicht die perfekte Sicherungsmethode, sondern nur die angemessene – besonders im variablen Hochtourengelände. Fatal ist die verbreitete Haltung: »Wir sind am Seil, also kann uns nichts passieren!« Mitunter ist das Gegenteil der Fall: Häufig sieht man Seilschaften am langen Gletscherseil, ein paar Schlingen cool in der Hand, im steilen Absturzgelände zwischen Gletscher und Gipfel herumlaufen. Wozu das führen kann, zeigt in dramatischer Weise die DAV-Unfallstatistik: 2014/15 waren 8 % aller tödlichen Unfälle von DAV-Mitgliedern beim Bergsteigen Mitreißunfälle! In den meisten dieser Fälle wäre es besser gewesen, entweder nicht zu sichern (nur eine Person stürzt ab) oder eben mit verlässlichen Fixpunkten in Fels oder Eis/Schnee zu sichern.

Wann welche Methode angesagt ist, ist Thema des folgenden Kapitels. Die Absicherung in reinen Felspassagen wird dabei bewusst ausgespart, da sie in den kürzlich erschienenen Bänden »Alpinklettern« und »Bergsteigen« in dieser Reihe erschöpfend beschrieben sind. Zunächst werden Knoten und Anseilmethoden erklärt, dann typische Situationen und der Standplatzbau in Eis und Schnee dargestellt und schließlich strategische Fragen erörtert. Zum Abschluss noch eine motivierende Erkenntnis aus der Unfallstatistik: Die Verunfallten werden nach ihrer Erfahrung (in Form von Tourentagen) befragt, und dabei zeigt sich signifikant: je erfahrener, desto weniger Unfälle. Also heißt es Bücher wie dieses lesen und üben, üben, üben!

Knoten

Knotenkunde ist eine Wissenschaft für sich. Es gibt viel mehr zulässige Knoten als Anwendungsbereiche auf Hochtour. Wir stellen in Einklang mit den Empfehlungen der DAV-Sicherheitsforschung jeweils einen vor, den wir für die angegebene Funktion für besonders geeignet halten.

> **EXPERTENTIPP**
>
> › Um unbeabsichtigtes Öffnen zu vermeiden, ist der Knoten an allen herauslaufenden Seilsträngen einzeln festzuziehen, erst dann gilt er als fertig geknüpft. Beim Achter etwa (Einbindeknoten, s.u.) sind dies vier!
> › Bei Knoten an einem oder zwei Seilenden sollten diese mindestens zwei Handbreit herausstehen (Faustregel). Physikalisch reicht der Seildurchmesser in Millimeter x 10 aus, d. h. ein ultradünnes Zwillingsseil muss nicht so weit herausstehen wie ein dickes Einfachseil. Bei Bandschlingen sollte die fünffache Bandbreite herausstehen.
> › Verschiedene Knoten kann man *stecken* oder *legen*. Beim Stecken macht man den Knoten erst mit nur einem Seilstrang und führt ihn dann mit dem anderen nach. Dies ist z.B. nötig, wenn der Knoten in eine geschlossene Schlaufe soll (wie der Achter beim Anseilgurt). Gleichläufig gesteckt ergibt sich eine Tropfform, gegenläufig eine Ringform.

> **KURZ UND KNAPP**
>
> Das Seil allein gibt noch keine Sicherheit, was viele Mitreißunfälle zeigen. Erst eine angemessene Sicherungsmethode verhindert schwere Sturzfolgen. Die richtige Methode schnell auszuwählen und umzusetzen, erfordert viel Erfahrung und Übung.

Knoten

Einbinden ins Gletscherseil, Einbinden in die Seilschaft beim Klettern: Der Achterknoten

In der Gletscherseilschaft verbinden sich alle über einen verschlussgesicherten Karabiner über den Anseilring des Hüftgurtes mit dem Seil. Da der Karabiner geöffnet werden kann, kann man den Achter legen und kommt bei einer Spaltenbergung so leichter aus dem Seil. Hier sollte unbedingt ein »Safelock-Karabiner« zum Einsatz kommen, bei dem zum Öffnen drei Bewegungen erforderlich sind. Diese Anforderungen erfüllen z. B. der Ball-Lock von Petzl oder der Belay-Master von DMM. Alternativ können zwei Karabiner, gegengleich eingehängt, genutzt werden. Beim Seilschaftsklettern zu zweit bindet man sich direkt ins Seil, dann wird der Achter gesteckt. In der Dreier-Seilschaft beim Klettern sollte der Mittlere, sofern am Einfachseil geklettert wird, wiederum per Achterknoten eingebunden sein, jedoch mit ausreichend Abstand zum Knoten und Ankerstich am Gurt (Seilweiche, s. u.), damit er sich besser bewegen kann. Oder, noch einfacher, mit der Selbstsicherungsschlinge direkt im Auge des Achterknotens am Seil. Viele fädeln das Seil zum Einbinden »parallel zum Anseilring«, also durch Bauchgurtöse und Beinschlaufensteg. Beides

Der Achterknoten ist leicht zu stecken, weil man immer parallel zum bereits vorhandenen Muster arbeitet ...

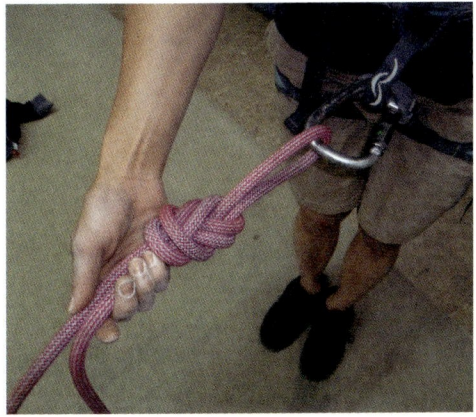

... und leicht zu überprüfen, da die Windungen immer parallel laufen. Gesteckter Achter in Tropfenform im verschlussgesicherten Karabiner für die Gletscherseilschaft

EXPERTENTIPP

Besonders beim Sportklettern kommen laufend neue Sicherungsgeräte auf den Markt. Die Halbmastwurfsicherung (HMS) hat jedoch nach wie vor ihre Berechtigung: Solide Bremskräfte, kein Materialaufwand, die Handhaltung ist egal. Besonders geeignet ist die HMS zur Sicherung des Vorsteigers bei der Fixpunktsicherung oder zum Ablassen des Partners, sofern der Standplatz erlaubt, beide Stränge parallel einlaufen zu lassen, da das Seil sonst krangelt.

Gelegter Sackstich in Tropfenform

Gesteckter Sackstich in Ringform

erfüllt die Norm. Ob man von oben oder von unten fädelt, ist egal.

Verbindung zweier Seile beim Abseilen, Verbindung Hüft-/Brustgurt: Sackstich bzw. Kreuzschlag

Der Kreuzschlag hat einfach eine Windung weniger als der Achterknoten. Nur bei einem zur Schlinge gelegten Seil heißt er Sackstich. Ihn braucht man zum Zusammenbinden zweier Seile beim Abseilen (Achtung: Viel Seil herausstehen lassen!) und zum Verbinden von Hüft- und Brustgurt beim Anseilen sehr schwerer Personen, Kindern (unter 12 Jahren) oder wenn man einen schweren Rucksack hat. Dazu wird eine offene (also nicht vernähte!) Bandschlinge von ca. 1,5 m Länge in den Anseilring des Hüftgurtes gefädelt, ca. 10 cm darüber per Kreuzschlag abgebunden, durch die Ösen des Brustgurtes gefädelt und wieder per Kreuzschlag zusammengebunden, dieses Mal gegengleich.

Fixierung des Seils, Selbstsicherung direkt im Seil: Der Mastwurf

Gegenüber anderen unbeweglichen Knoten bietet der Mastwurf drei große Vorteile: Er lässt sich garantiert wieder öffnen (auch mit nassen Seilen, an denen viel Last hing!) und

Hüftgurt mit Brustgurt über Kreuzschlag verbunden

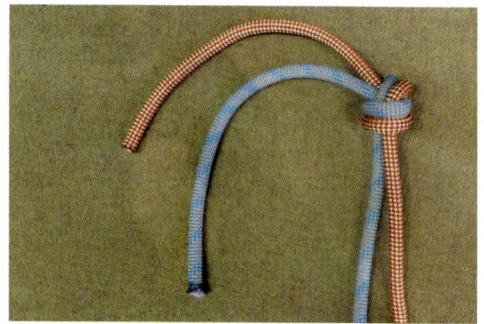

Kreuzschlag zum Abseilen

Knoten

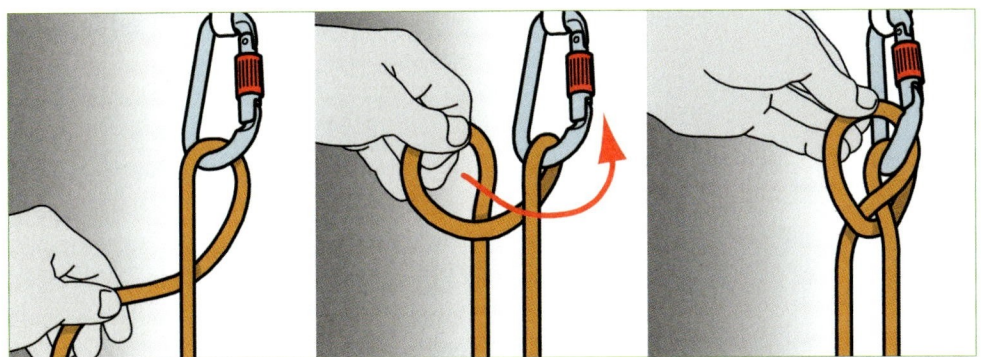

Mastwurf einhändig gelegt. Kann man während der Autofahrt am Rückspiegel üben!

man kann leicht seine Position verändern, was beispielsweise wichtig ist, wenn man sich als Vorsteiger, am Standplatz angekommen, direkt mit dem Seil in die Selbstsicherung bindet. Der dritte Vorteil besteht darin, dass er auch einhändig geknüpft werden kann, was in schwierigen Kletterpositionen am Standplatz nötig sein kann.

Bergemethoden, Selbstsicherung beim Abseilen und Begehen von Fixseilen: Der Prusikknoten
Der Prusikknoten ist einfach genial – ohne Belastung kann man ihn am Hauptseil ent-

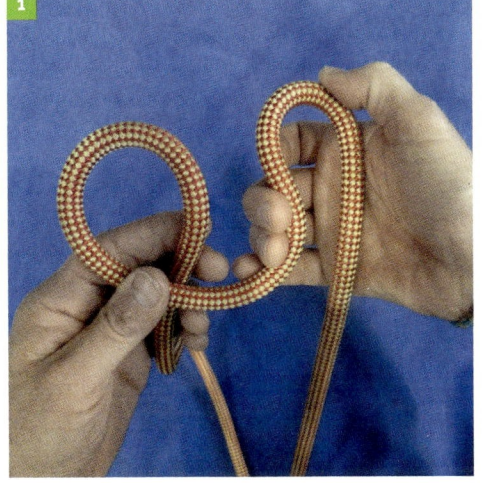

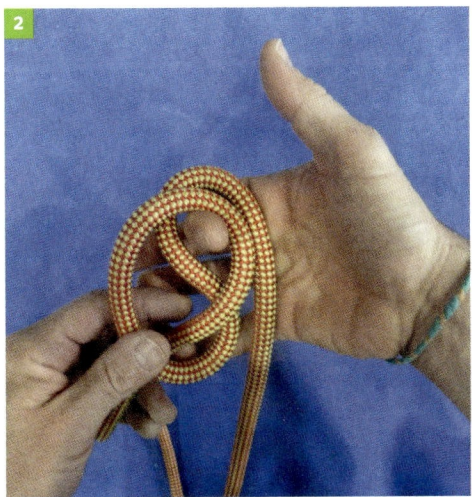

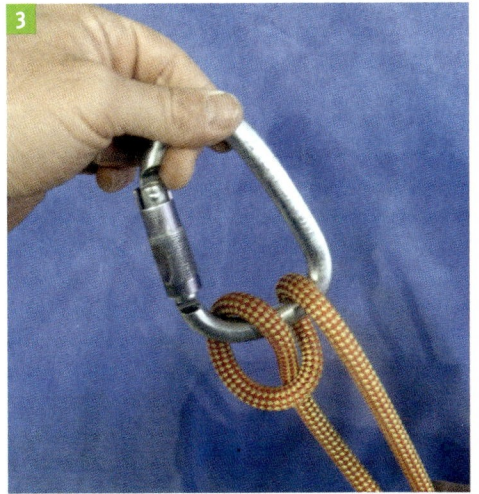

1–3: Legen der HMS

Sicherungspraxis

Links »halber« Prusikknoten (= Ankerstich) und Bandschlingenklemmknoten beim Knüpfen, rechts Prusik- und fertiger Bandschlingenklemmknoten

lang in beide Richtungen schieben, unter Last blockiert er. Je größer der Unterschied zwischen Durchmesser von Prusikschlinge und Hauptseil ist, desto besser »beißt« er, jedoch: Wenn man mit einem nassen, fusseligen (häufig gebrauchten!) Seil und ebensolcher (dünner) Schlinge in der Spalte hängt, kann es passieren, dass er immer »beißt«. Dann geht nichts mehr. Bei den heute üblichen Seildurchmessern ergibt sich für die mitgeführten Reepschnüre ein idealer Durchmesser von 6–7 mm. Beißt er auch unter Belastung nicht (neues, glattes Seil, dünnes Halbseil) gibt es ein probates Mittel: Einfach noch eine Windung ums Seil legen (doppelter Prusikknoten)! Eine Alternative zum Prusikknoten ist der Bandschlingenklemmknoten mit der Bandschlinge. Er lässt sich noch besser bedienen.

Rücklaufsperre für Flaschenzüge: Die Gardaklemme

Für die Gardaklemme sollte man zwei baugleiche Normalkarabiner verwenden. Man kann das Seil mit einer Last in eine Richtung

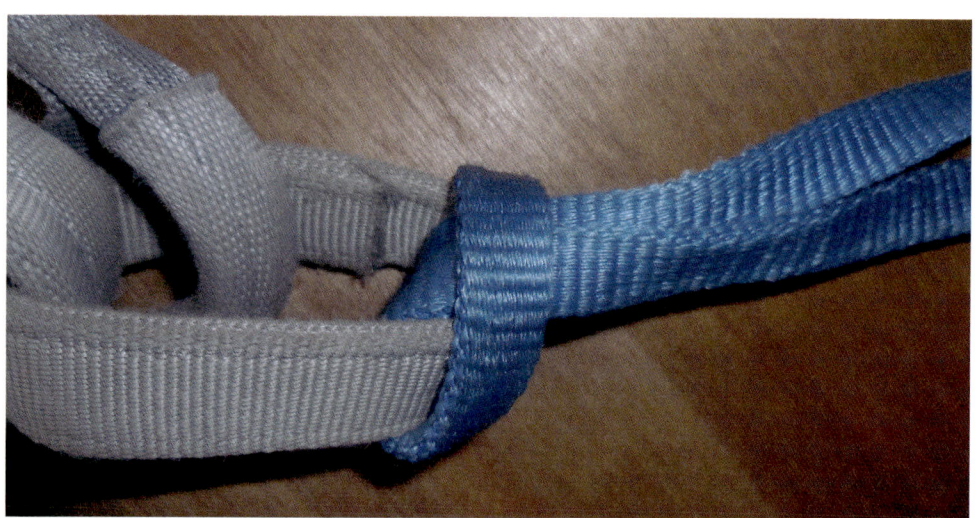

Einbinden einer Selbstsicherungsschlinge: Der Ankerstich ist ein halber Prusikknoten, man braucht ihn für die Selbstsicherungsschlinge.

Knoten

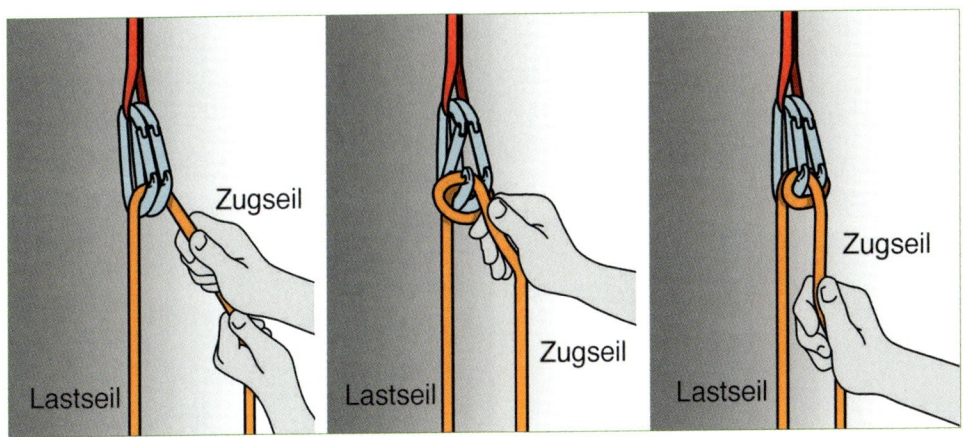

Legen der Gardaklemme

ziehen und es wird durch die Klemmwirkung der Karabiner daran gehindert, wieder zurückzulaufen. Mittlerweile gibt es eine Reihe alternativer Klemmgeräte, die beim Ziehen auch weniger Reibung erzeugen. Hat man aber keines (oder es verloren ...) muss man sich trotzdem zu helfen wissen.

Fixieren eines Gestürzten in der Sicherung: Schleifknoten

Wenn der Partner verletzt im Seil hängt, muss man das Seil fixieren, um es loslassen zu können. Dazu ist ein Knoten nötig, der sich auch unter Last wieder lösen lässt, wenn die nötigen Maßnahmen ergriffen sind. Diese Voraussetzungen erfüllt der Schleifknoten. Er funktioniert besonders mit der HMS, aber auch mit dem Tuber bei Körpersicherung. Um ihn gegen unbeabsichtigtes Öffnen zu sichern, hängt man einfach einen Karabiner in die Zugschlaufe ein oder bindet diese mit einem Sackstich um das Lastseil.

Die Selbstsicherungsschlinge

Sie besteht aus mehreren Knoten, die wir bereits kennen. Man braucht sie z.B. beim Abseilen. Eine vernähte 120-cm-Bandschlinge wird per Ankerstich in den Anseilring geknüpft. Nach ca. 20 cm wird ein Sackstich in die Schlinge geknüpft. Der Karabiner am Ende sollte ebenfalls fixiert werden. Hierfür eignet sich der Mastwurf.

Vorbereitete Standschlinge

Wenn man über mehrere Seillängen klettert und die Route eine gleich bleibende Stand-

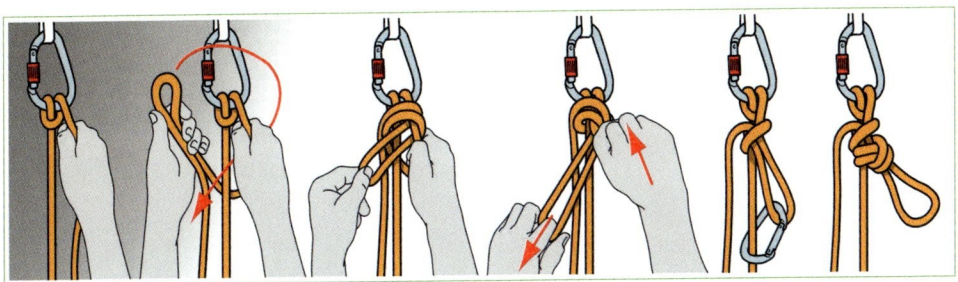

Schleifknoten

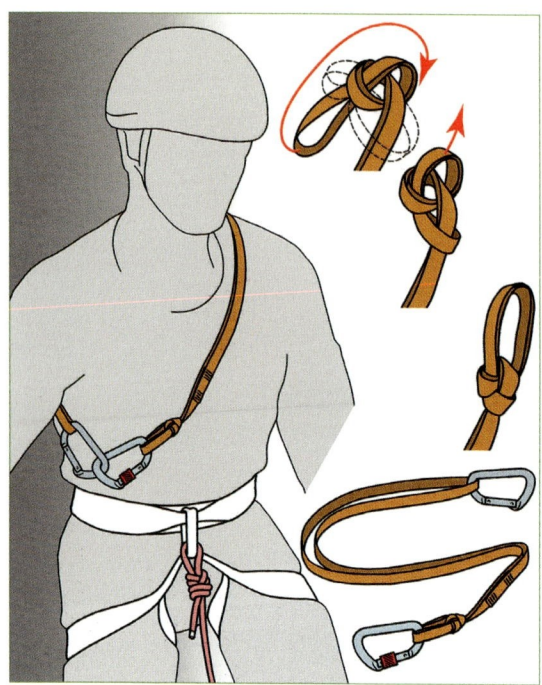

Bulinauge und vorbereitete Standschlinge

Selbstsicherungsschlinge mit Ankerstich, Kreuzschlag und Mastwurf

platzqualität aufweist (Bohrhaken oder Eisschrauben), spart eine vorbereitete Standschlinge Zeit und Ärger. Dazu braucht man eine vernähte Bandschlinge mit 120 cm Nutzlänge. Ein Auge mit Bulinknoten (lässt sich leichter öffnen als der Sackstich) wird geknüpft, in das ein verschlussgesicherter Karabiner für den unteren Fixpunkt eingehängt wird. In das nicht verknotete Ende der Schlinge hängt man einen offenen Karabiner. Man hängt sie über die Schulter, bei Bedarf öffnet man den Schnapper und hat sie zur Hand, selbst wenn sich der Rucksack versehentlich darüber befindet.

Die Gletscherseilschaft

Sobald am Gletscher die Spaltensturzgefahr nicht ausgeschlossen werden kann, bindet man sich ins Gletscherseil. Dies ist bei schlechter Sicht auf eingeschneiten Gletschern immer der Fall.

Wie in nachstehender Skizze ersichtlich, unterscheiden sich die Abstände der Bergsteiger am Seil je nach Seilschaftsgröße.

> **EXPERTENTIPP**
>
> Der Sackstich in der Selbstsicherungsschlinge hat zwei Funktionen: Zum einen kann hier ein Abseilgerät eingehängt werden, zum anderen hat die Schlinge dadurch die optimale Länge, um sie über eine Schulter zu hängen, wenn man sie nicht braucht (natürlich über den Rucksack, sonst kommt man nicht dran). Manche hängen auch den Karabiner in die Materialschlaufe des Gurtes und stecken die Selbstsicherungsschlinge von oben in eine Beinschlaufe. Sie stört nicht und ist immer greifbar, unabhängig vom um den Körper aufgeschossenen Seil oder Rucksack.

Die Gletscherseilschaft

Auf dem Weg zum Wildstrubel

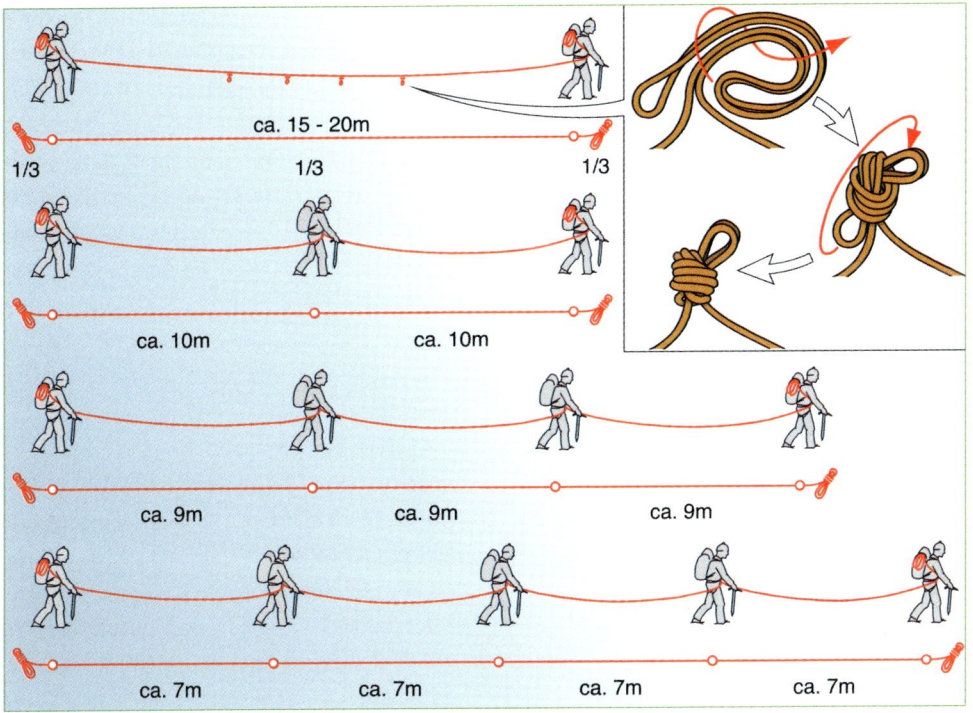

Abstände am Seil

> **EXPERTENTIPP**
>
> Da unsere Armspannweite etwa gleich unserer Größe ist, kann man das Seil auch durchziehen: Für einen Seilabstand von 8,50 m ziehe ich es fünfmal am langen Arm durch, da ich 177 cm groß bin ... Weder Seilpuppenlänge noch Abstände müssen ganz genau übereinstimmen, wichtiger ist das funktionell richtige Verhalten. Dazu gehört auch ein Partnercheck wie in der Kletterhalle, nachdem alle eingebunden sind.

Ein Mindestabstand von 7–8 m sollte jedoch nicht unterschritten werden, um auszuschließen, dass auf größeren Spaltenbrücken mehrere Personen gleichzeitig einbrechen.

Herrichten des Gletscherseils

Für große Seilschaften (5–6 Personen), die zur Spaltenbergung den Mannschaftszug anwenden können und kein Restseil brauchen, bietet sich die Ziehharmonikamethode an: Erste(r) und Letzte(r) binden sich ein, die anderen lassen das Seil einfach durch den Karabiner im Sicherungsring laufen. Dann bilden alle eine Gasse und zwar so, dass das Seil im Zickzack verläuft.

Wenn nun alle einen Schritt vortreten, können die Achterknoten genau an der Stelle, an der das Seil durch den Karabiner lief, gelegt werden. Das Knotenauge wird anschließend wieder in den Karabiner eingehängt. Alle Seilpartner haben den gleichen Abstand, was die Sicherheit erhöht und sich auch gut auf Fotos macht! Falls das Seil zu lang ist, kann man beide Enden nehmen und gemeinsam auf die gewünschte Länge für die Seilpuppe, also das aufgenommene und abgebundene Restseil, verkürzen.

Seilschaften aus 2–3 Personen brauchen große Seilschaftsabstände, um über mehr Seildehnung und -reibung die Wahrscheinlichkeit zu erhöhen, den Sturz auch wirklich halten zu können. Überhaupt ist die Zweierseilschaft nichts für Einsteiger, da sie in jedem Fall viel Erfahrung in Routenfindung, Seilhandhabung und Spaltenbergung erfordert. Bei Zweier-, in schwierigem Gelände auch bei Dreierseilschaften, sollten Bremsknoten ins Seil geknüpft werden, 3–4 Knoten in Seilmitte zwischen den Partnern im Abstand von ca. 2 m. Diese können sich im Falle des Falles am Spaltenrand einschneiden und damit die Mitreißgefahr mindern.

Sie verkomplizieren allerdings die Spaltenbergung, daher sollte der Verunfallte in der Zweierseilschaft auch die Selbstrettung (siehe Kapitel »Notfälle meistern«) beherrschen. Das Restseil für allfällige Spaltenbergungsaktionen sollte an den beiden Enden der Seilschaft aufgeschossen und griffbereit, am besten unter dem Deckel des Rucksacks, verschwinden. Ab fünf Personen braucht man

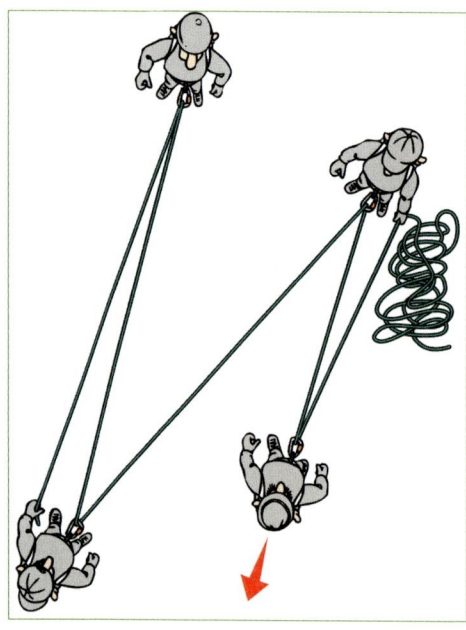

Ziehharmonikamethode

kein Restseil mehr, da nun der Mannschaftszug (siehe Kapitel »Notfälle meistern«) funktionieren sollte. Größer als 6 Personen sollte eine Seilschaft nicht sein, da die Abstimmung untereinander schwierig wird, wie im folgenden Absatz ersichtlich.

Verhalten in der Gletscherseilschaft

Die wichtigste Verhaltensregel in der Seilschaft lautet: »Schau, dass dein Seil zu der Person vor dir IMMER lang ist.« Es darf nicht in der Luft straff gespannt hängen, dann muss mich der Vordermann nämlich ziehen; aber es darf auch nicht auf dem Boden herumschlängeln – warum nicht? Ich werde so ständig mit dem Steigeisen über das Seil stolpern. Stürzt jemand in die Spalte, fällt er

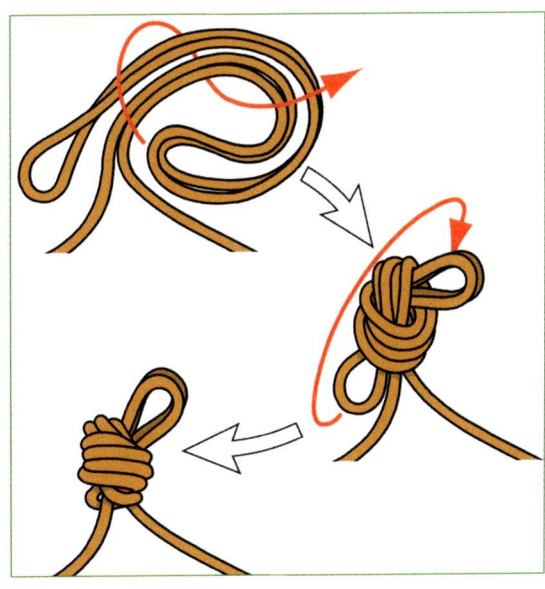

Knüpfen des Bremsknotens

Zweierseilschaft am Breithornpass mit Bremsknoten

Sicherungspraxis

Im Spaltenlabyrinth ist es nicht immer einfach, das Seil lang laufen zu lassen, besonders bei Haarnadelkurven und Zickzackspuren. Hier muss man auch auf die Person hinter sich achten.

erst mal einige Meter im freien Fall, weil sich das Seil erst straffen muss. Dies ist fatal:
- Der entstehende Fangstoß nach der Beschleunigung überträgt ein Vielfaches des Körpergewichts vom Stürzenden als Kraft auf mich, ich werde mitgerissen.
- Auch ohne Mitreißen gestaltet sich die Bergung erheblich schwieriger, da die Person tiefer hängt. Die Verletzungsgefahr durch An- und Aufschlagen mit Steigeisen und Pickel ist zudem größer.

Ich glaube, das sind genug Argumente. Was der Hintermann macht, ist sein Problem, ich konzentriere mich auf den Vordermann. Wenn er stehen bleibt, bleibe ich auch stehen. Dies gilt auch für Pausen: Hält man das Seil in diesem Gelände für nötig, bleibt der Abstand auch während der Pausen bestehen!
Von der Verwendung sehr dünner und leichter »RAD-Lines« in der Gletscherseilschaft raten wir ab. Da sie hyperstatisch sind, erhöhen sie im Falle eines Sturzes den Fangstoß. Aufgrund des geringen Durchmessers ist für die Spaltenbergung außerdem viel Übung und spezielles Zusatzequipment erforderlich.

> **KURZ UND KNAPP**
>
> In der Gletscherseilschaft muss das Seil zwischen den Seilpartnern immer lang bleiben, damit im Sturzfall kein unhaltbarer Fangstoß entsteht. Jeder achtet darauf, was die Vorderfrau oder der Vordermann macht, um den Abstand immer gleich zu halten.

Wann frei gehen, wann anseilen, wann sichern?

Auf dem aperen Gletscher sind alle Spalten sichtbar. Oft liegen hier auch Steine, an denen das Seil hängen bleiben würde. Solange ausreichend Sicht ist und keine Absturzgefahr besteht, erscheint Anseilen überflüssig. Die Geländesteilheit sollte aber genau beobachtet werden: Auf dem harten, glatten Untergrund kann ein Sturz schon bei etwas über 20° Steilheit (vergleichbar mit einer leidlich roten Skipiste) mitunter nicht mehr gehalten werden. Also ist das Bewegungskönnen der Teilnehmer ebenso ins Kalkül zu ziehen wie die Sturzfolgen: Wenn ich falle, rutsche ich dann in den flachen Hang oder stürze ich über einen Felsabbruch zu Tode? Wie die Gletscherseilschaft gegen Absturz gesichert werden kann, dazu weiter unten mehr.

> **EXPERTENTIPP**
>
> **Taktik: Die Reihenfolge in der Gletscherseilschaft**
> Im Aufstieg sollte der Erfahrenste vorweggehen. Seine Aufgabe ist die Wegfindung, und das Gewicht spielt eine untergeordnete Rolle: Im Flachen und bergauf ist die Mitreißgefahr gering, der Stürzende müsste ja die Nachfolgenden im Schnee hochziehen ... Die Schneebrücke kann vielleicht auch bei einer Person weiter hinten einbrechen, aber wir gehen vom Wahrscheinlichsten aus, nämlich dass der Vorweggehende einbricht.
> Im Abstieg dagegen sollte die leichteste Person vorgehen: Ist es steil und der Schnee recht hart, ist die Mitreißgefahr wirklich akut! Kann sich diese Person nicht orientieren, sollte der Erfahrenste an zweiter Position gehen, um sie anzuleiten. Gibt es in der Seilschaft zudem einen »Experten« für die Spaltenbergung, kann dieser hinten gehen, da er sie von dort auch durchführen muss, falls nötig.

Fixpunktsicherung – Standplatzbau in Schnee und Eis

Wenn die Gletscherseilschaft sich in steiler werdendem Absturzgelände bewegt, wird die gleitende Sicherung am langen Seil wegen der Mitreißgefahr zur Falle – nun muss über Fixpunkte gesichert werden. Bevor entsprechende Manöver durchgeführt werden, muss man entscheiden, wie man kraftsparend und schnell einen verlässlichen Fixpunkt schafft. Der Standplatz ist die Lebensversicherung der ganzen Seilschaft, auf ihn muss stets Verlass sein! Der Standplatzbau im Fels ist gut in den Bänden »*Bergsteigen*« und »*Alpinklettern*« beschrieben. Da gut gesetzte Eisschrauben in solidem Eis als verlässliche Fixpunkte gelten, wird grundsätzlich mit Reihenschaltung gearbeitet: Alle Last hängt an einem Fixpunkt, falls dieser ausbricht, wird die Last ohne weiteren Energieeintrag (anders als beim klassischen Kräftedreieck) auf den nächsten übertragen. Hier nun einige Methoden des Standplatzbaues im gefrorenen Wasser abnehmender Härte:

- Hartes Blankeis am Gletscher, solides Eis in Eisschläuchen im kombinierten Gelände, Wasserfalleis: Reihenschaltung mit Eisschrauben

Nachdem mit der Pickelschaufel das oberflächliche, luftgefüllte Fauleis weggeschlagen wurde, können zwei Eisschrauben mit einer Nutzlänge von mindestens 15–17 cm am Gletscher senkrecht, im Wasserfall leicht hängend, also ganz leicht nach unten geneigt, eingedreht werden. Der Abstand sollte in der vertikalen Achse idealerweise ca. 50 cm betragen und die Schrauben um 10 cm versetzt sein – am wichtigsten ist dabei jedoch die Qualität des Eises. In reinen Eistouren (Eiswand und Wasserfall) kann eine vor-

Sicherungspraxis

Reihenschaltung für eine Toprope-Sicherung im Gletscherbruch. Die Eisschrauben sind mit einer 160-cm-Bandschlinge per Mastwurf verbunden.

bereitete Standschlinge benutzt werden. Dies spart Zeit, die Schrauben werden dann gleich im richtigen Abstand gesetzt, sodass die Schlinge idealerweise gar nicht per Mastwurf in der Länge angepasst werden muss. Achtung: Ist die Bandschlinge aus Polyethylen (Markenname Dyneema), sollte im Redundanzkarabiner der Mastwurf mit beiden Schlingensträngen gelegt und das offene Ende zusätzlich eingehängt werden, da Dyneema glatt ist und sich der Knoten verschieben kann. Ist die erste Schraube gesetzt, wird als Erstes die Selbstsicherung eingehängt. Bei überschlagend kletternden Seilschaften ist es effizient, die Selbstsicherung mit einem Mastwurf an einem der Seilstränge zu legen. Manche legen zuvor provisorisch das Seil über das Eisgerät (oder hängen eine Expressschlinge an die Haue oder einen Karabiner an den Pickeldorn), das ist jedoch eher eine wackelige, eben provisorische Angelegenheit. Nachdem die zweite Schraube gesetzt wurde, wird die Standschlinge eingehängt, evtl. per Mastwurf verkürzt, um einen zusätzlichen Energieeintrag bei Ausbrechen einer Schraube zu verhindern. Anschließend kann am Zentralpunkt die Partnersicherung eingehängt werden. Der Standplatz mit Eisschrauben ist in alle Richtungen belastbar, die Lasche sollte in die zu erwartende Zugrichtung zeigen. (Ist diese unbekannt, kann man sie auf 9- bzw. 3-Uhr-Stellung bringen.) In gutem Eis halten Eisschrauben über 2000daN stand. Daher dürfen Eisschrauben, die »beißen« und nicht zwischendurch in Luftlöchern leerdrehen, als einzig verlässliche Fixpunkte im gefrorenen Wasser gelten. Alle weiteren hier vorge-

> **EXPERTENTIPP**
>
> **Eisschrauben im Wasserfalleis setzen: Struktur lesen!**
>
> In konkaven Dellen entsteht weniger unerwünschte Sprengwirkung als auf konvexen Beulen. Wenn das Eis weiß ist, sollte man die Oberfläche wegschlagen, da die Lufteinschlüsse die Stabilität beeinträchtigen. Wenn man Löcher schlägt oder vorhandene nutzt, muss man darauf achten, dass genug Platz für die Kurbel vorhanden ist, denn nachzuschlagen nervt. Vorsicht im dünnen, oft luftgefüllten Röhreneis hängender Eiszapfen. Wer hier klettert, sollte seiner Sache sicher sein – also auch mal 5 m von der Schraube wegklettern können, bis wieder stabiles Eis beginnt.

Fixpunktsicherung – Standplatzbau in Schnee und Eis

stellten Methoden für Firn und Schnee sind schwer überprüfbar und sollten, besonders zur Sicherung des Vorsteigers (hier entstehen Sturzkräfte bis 12 kN), eher zurückhaltend beurteilt werden.

- Sehr harter Firn: Firnanker für die Nachsteigersicherung

Ein Firnanker ist verdammt schwer und es bleibt jeder Seilschaft selbst überlassen, einen mitzunehmen. Ich habe jedoch schon mehrfach Eisverhältnisse angetroffen, die zu weich für die Eisschraube und zu hart für den T-Anker (siehe unten) waren. Da empfiehlt sich der Firnanker, den es in zahlreichen Modellen in allen Gewichtsklassen gibt. Ob Schaufelblatt oder Winkelschiene: Der Firnanker wird lotrecht eingebracht (man kann ihn mit dem Pickelhammer eintreiben, wenn der Schnee zu hart ist), die Drahtschlinge zieht sich in den Schnee. Er hält nur bei Zug nach unten. Am

Redundanz mit Mastwurf und eingehangener Dyneemaschlinge

Eisklettern im Gletscherbruch beim Aufstieg zum Huascaran

Sicherungspraxis

> **KURZ UND KNAPP**
>
> Im Firn/weichen Schnee sollte immer der Erfahrenste ohne Zwischensicherungen vorsteigen können, da die hier möglichen Fixpunkte nur für den Zug nach unten ausgelegt sind. Nur im Eis kann auch von unten über Zwischensicherungen gesichert werden. Gut gesetzte Eisschrauben gelten nach heutigen Maßstäben als verlässliche Fixpunkte. Hier ist die vorbereitete Standschlinge die Methode der Wahl.

verlässlichsten ist der Firnanker, wenn er festfriert. Daher ist er besonders für Expeditionen geeignet, wo an den Routen über längere Zeiträume Fixseile hängen.

• **Harter Firn: Modifizierter Rammpickel**
Auch der modifizierte Rammpickel taugt nur zur Sicherung des Nachsteigers. Am oberen Ende des Pickelschaftes wird eine Bandschlinge mittels Ankerstich eingehängt, dann wird der Pickel lotrecht in den Schnee getrieben. Das Ende der Bandschlinge wird mit Verschlusskarabiner in den Gurt gehängt, in die Bandschlinge wird, wie bei einer Ausgleichsverankerung, ein Karabiner gehängt. Die Bandschlinge sollte kurz sein (60 cm), sonst ist es schwierig, straff zu sichern. Nun kann man sich auf den Pickel setzen (Füße gut verkeilen) und den Nachsteigenden über den Karabiner in der Ausgleichsverankerung nachsichern. Es ist auch möglich, wie in der Abbildung das Seil direkt per Mastwurf am Pickel zu fixieren und in der entstandenen Schlaufe den Karabiner zum Nachsichern einzuhängen. Achtung: Der modifizierte Rammpickel taugt nicht zum Sichern der Seilschaft über einen fragilen Bergschrund, denn sollten der/die Nachsteigende(n) ins freie Hängen kommen, müsste

Standplatz im Eis mit zwei Schrauben, Reihenschaltung, Körpersicherung und »Dummyrunner«

Fixpunktsicherung – Standplatzbau in Schnee und Eis

der Sichernde aufstehen, um einen Flaschenzug zu bauen. Das geht aber nicht bei dieser Methode – da hilft nur der aufwendige, nachfolgend beschriebene T-Anker, auch bekannt unter dem Gruselnamen »Toter Mann«.

- Weicher Schnee (durchfeuchteter, nicht gefrorener Altschnee, Neuschnee):
  T-Anker

Für den Schnee gilt: Je weicher er ist, desto tiefer muss der T-Anker vergraben werden. Wenn man nach 30 cm auf Eis stößt, kann man ja eine Schraube drehen! Zunächst wird mit der Schaufel des Pickels im rechten Winkel zur erwarteten Zugrichtung eine tiefe Kerbe in den Schnee gegraben. Sie sollte je nach Kompaktheit des Schnees zwischen 50 und 100 cm tief sein. In der Mitte der Kerbe wird eine Rille in Zugrichtung gezogen (für die Bandschlinge zum Zentralpunkt), fertig ist das »T«. Der Pickel wird mittels Ankerstich

Modifizierter Rammpickel mit Ausgleichsverankerung

T-Anker mit Führungsrille für die Bandschlinge. Muss noch mit Schnee aufgefüllt und komprimiert werden.

Sicherungspraxis

mit einer 120-cm-Bandschlinge an seinem Schwerpunkt (der Balancepunkt, wo er auf einem Finger zum Liegen kommt – meist ca. ein Drittel der Strecke von oben bis zum Dorn) versehen und in die große Kerbe gelegt. Die Schlinge wird in Zugrichtung in den Schlitz verbracht. Die Rille wird mit Schnee aufgefüllt und gut verfestigt. Unterhalb des Pickels sollte man nicht herumlaufen, da die Stabilität des T-Ankers von der Qualität des unteren Schneewalls abhängt. In die Schlinge hängt man einen verschlussgesicherten Karabiner, an dem gesichert werden kann.

Welches Sicherungsgerät?

Grundsätzlich gilt: Eine universell einsetzbare Methode für Vor- wie Nachsteiger ist das

> **EXPERTENTIPP**
>
> Ein Vorteil im Vergleich zur HMS ist beim Sichern des Nachsteigers, dass moderne Universalsicherungsgeräte mit Plattenfunktion mehr Komfort bieten.

Sichern mittels HMS-Knoten. Es ist lediglich darauf zu achten, dass man einen ausgewiesenen, birnenförmigen HMS-Karabiner benutzt und dass sich beim Einlegen die Karabineröffnung nicht auf der Seite der Bremshand befindet. Beim Ablassen ist darauf zu achten, dass beide Seilstränge (Brems- und Lastseil) halbwegs parallel in den Knoten laufen, da das Seil sonst zur Telefonschnur wird, also mächtig krangelt. Früher hat man zusätzlich zum Abseilen noch einen Abseilachter mitgeführt, mit dem einige auch alpin gesichert haben, was wegen der hohen Durchlaufwerte nicht mehr empfohlen werden kann. Inzwischen gibt es leichte Geräte, die für alles taugen: Sichern des Vorsteigers, Sichern von Nachsteigern mit Einfach-, Halb- oder Zwillingsseil, Abseilen. Achtung: Beim Kauf ist auf den passenden Seildurchmesser zu achten!

Vorsteigersicherung mit zwei Seilsträngen

Hat man sich ohnehin für die Verwendung eines Halbseils entschieden, was im variablen Hochtourengelände selbst ohne lange Abseilpisten empfehlenswert ist, sollte man auch die Variabilität im Sichern des Vorsteigers ausnutzen: Für einen geraden Routenverlauf mit verlässlichen Fixpunkten kann mit der *Zwillingsseiltechnik* gesichert werden: Beide Seilstränge werden wie eines behandelt und immer gemeinsam in die Zwischensicherungen gehängt. Gesichert werden kann

Nachsichern mit der HMS an einem abgebundenen Felskopf

auch per HMS. Bei der *Halbseiltechnik* dagegen sollte man eines der oben genannten Sicherungsgeräte benutzen: Man clippt die Zwischensicherungen immer abwechselnd mal mit dem einen, mal mit dem anderen Seilstrang, Vorteil: Die Umlenkung wird im Sturzfall durch erhöhte Seildehnung in einem Strang weniger belastet, und wenn die Zwischensicherungen tatsächlich im Zickzack verlaufen, kann man einen viel geraderen Seilverlauf bauen und hat damit weniger lästige Reibung im System! Die Halbseiltechnik eignet sich besonders für das Eis- und Wasserfallklettern. Achtung: Wird vom Standplatz mit dem »umgedrehten Tuber« gesichert, braucht man einen »Dummyrunner« wie bei der Körpersicherung, also eine erste Zwischensicherung über dem Gerät, am besten noch direkt am Standplatz, damit das Seil nicht bei einem Standsturz durchläuft, weil es nicht geknickt wird! Der Knick erzeugt ja bei den Tubern die Bremswirkung.

Fixseile und Seilversicherungen begehen

Ein Fixseil ist ein fest montiertes Kletterseil, an dem sich die Seilschaft entlangsichert, d. h. beim Sichern bewegt sich nicht das Seil, sondern die Person am Seil, gesichert über einen Karabiner in der Querung oder eine Rücklaufsperre in der Vertikalen. Es ist besonders geeignet für größere Gruppen (4–8 Personen), die eigentlich unangeseilt unterwegs sind (außer in der Gletscherseilschaft), wo es aber eine kurze Schlüsselstelle im Absturzgelände gibt. Ein Fixseil ist etwas aufwendig im Aufbau, danach können aber mehrere gleichzeitig klettern, was wiederum Zeit spart. Mitunter lässt man es für den Abstieg oder für andere Seilschaften hängen, besonders auf Expeditionen, wo ja, etwa in Nepal, zu Beginn der Saison die entsprechenden Passagen auf viel begangenen Routen von Sherpas mit Fixseilen abgesichert werden. Die bekannteste Form einer dauerhaften Seilversicherung in den Alpen ist der Klettersteig, normalerweise ein Drahtseil, an dem Karabiner eines Klettersteigsets eingehängt werden können. Allerdings trifft man auf entsprechend frequentierten Routen, z.B. Verbindungswegen zwischen Hütten oder beliebten Gipfelanstiegen, auf Taue und Ketten. Diese sind schön griffig, aber meist zu dick für einen mitlaufenden Karabiner. Im Zweifelsfall sollte zusätzlich mit dem Bergseil gesichert werden (an den meist vorhandenen Bohrhaken oder Stangen).

Einrichten eines Fixseils

Am einfachsten ist der Grundaufbau eines Fixseils im steilen Firnhang, an dem in Falllinie aufgestiegen wird. Sogleich ist zu bedenken, ob man das Fixseil hängen lässt oder auch für den Abstieg nutzt:

> **EXPERTENTIPP**
>
> **Körpersicherung auf Hochtour?**
> Beim Sportklettern und Alpinklettern setzt sich mehr und mehr die Körpersicherung durch. Stürze können dynamisch gehalten werden, die Verletzungsgefahr für den Stürzenden durch Anprallen ist geringer. Im klassischen Hochtourengelände ist Stürzen jedoch ohnehin tabu und hier überwiegen die Nachteile der Körpersicherung, da der Sichernde dann Teil der Sicherungskette ist, ebenfalls verletzt werden und der Kletterer dann weiter stürzen kann. Im anspruchsvollen Wasserfall wiederum ist die dynamische Körpersicherung für erfahrene Seilschaften empfehlenswert, die Situation ähnelt eher wieder der beim Sportklettern.

Kombiniertes Gelände am Cosmiquegrat

Sicherungspraxis

Taue in der Senkrechten wie hier am Liongrat des Matterhorns werden oft unterschätzt. Wem hier der Saft ausgeht, der sollte zumindest eine Selbstsicherungsschlinge dabeihaben, besser noch eine zusätzliche Seilsicherung durch den Partner.

- Wenn nein, ist der Letzte der Gruppe im Seilende eingebunden und wird dann vom nächsten Standplatz aus hochgesichert, am besten per HMS.
- Wenn ja: Beim Absteigen straff fixieren; oder locker als Schlappseil fürs Abseilen nehmen. (Am straffen Seil kann man nicht abseilen, siehe folgende Seite.)

In jedem Fall muss das Seilende fixiert sein. Sodann klettert der Sicherste der Gruppe im Aufstieg vor. Auch hier gilt: Wenn keiner in der Lage ist, sich in dem Gelände ohne Zwischensicherungen zu bewegen, seid ihr auf der falschen Tour! Er wird vom Stand aus gesichert, aber nur, damit er niemanden mitreißt, sollte er doch stürzen (z. B. bei Steinschlag). Erreicht der Erste den nächsten Stand, fixiert er dort das Seil (mit Mastwurf oder Achterknoten). Die anderen können nun mit Kurzprusikschlinge und Selbstsicherungsschlinge nachsteigen. Bei der Kurzprusikschlinge wird wie im Bild dargestellt der Karabiner in Prusikschlinge und Seil gehängt. Die Hand schiebt den Prusikknoten vor sich her, um ihn nicht am Blockieren zu hindern, falls man stürzt und reflexartig auf den Knoten drückt. Die Abstände der einzelnen Kletterer sollten 4–5 m betragen, damit sie sich im Sturzfall nicht gegenseitig berühren (Verletzungsgefahr durch Steigeisen). Sind alle oben angekommen,

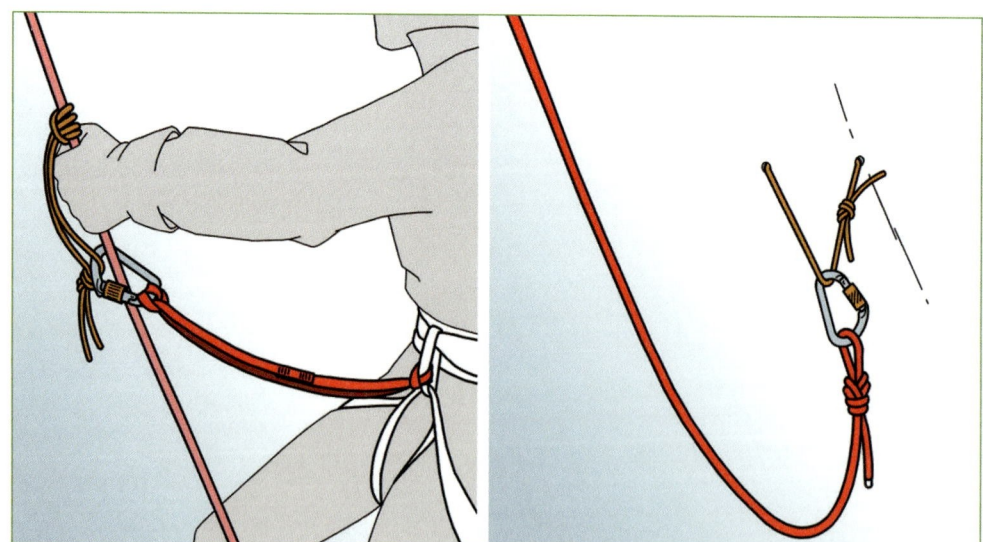

Selbstsicherung mit Kurzprusikschlinge. Das Seil läuft als Redundanz durch den Karabiner, der Aufbau funktioniert im Abstieg genauso.

kann der Letzte ggf. per Halbmastwurf normal nachgesichert werden. Dazu wird das Seil hinter der Gruppe in den Zentralpunkt eingehängt. Die Methode mit Kurzprusikschlinge funktioniert auch im Abstieg.

Befindet sich am Fixseil eine Zwischensicherung, etwa weil es im Firn gerade hinaufgeht und man anschließend im Fels eine Rampe hinausquert, so sollten dort zwei Expressschlingen hängen, damit man seine Sicherung umhängen kann, ohne sich aus dem Seil ganz auszuhängen. Bei einem horizontal angebrachten Fixseil reicht es, wenn man sich dort einfach mit der Selbstsicherungsschlinge einhängt, da man ja im Sturzfall vom Seil gehalten wird. Hierbei ist wie im Klettersteig darauf zu achten, dass sich immer nur eine Person zwischen zwei Verankerungen aufhält. Passagen mit dicken Tauen sollten zusätzlich mit dem Bergseil abgesichert werden, da man den Karabiner nicht in das Tau clippen kann. Keinesfalls sollte man hier den Karabiner um das Tau schlingen und in die Bandschlinge clippen, da dann im Sturzfall Seil auf Bandmaterial scheuert, was zum Bruch bzw. Reißen der Bandschlinge führen kann.

Firn- und Felsgrate begehen

Grate haben grundsätzlich den Vorteil, dass man an ihnen vor alpinen Gefahren wie Steinschlag relativ sicher ist. Auch die Orientierung ist meist kein Problem. Lediglich an Grattürmen muss man oft entscheiden, ob sie rechts oder links umgangen werden. Hier hilft die Suche nach Begehungsspuren. Außerdem ist wie so oft im Vorteil, wer lesen kann (z. B. Führerliteratur). Während die Absicherung auf felsigen Graten meist gut funk-

> **EXPERTENTIPP**
>
> **Alternative Seilklemmen**
> Ein angenehmeres Handling als die Prusikschlinge bieten moderne Seilklemmen wie Petzl Shunt oder Mini-/Micro Traxion, die Duck von Kong oder eben ein Jümar als Steigklemme mit Griff. Diese haben jedoch alle ihren Preis und ihr Gewicht. Man kann sie aber entsprechend einsetzen, wenn man sie ohnehin dabeihat: Zur Spaltenbergung etwa sind sie wegen der geringeren Reibung der Gardaklemme deutlich überlegen. Sind im Fixseil senkrechte/ überhängende Passagen zu bewältigen, sollte ein Jümar (Steigklemme mit Griff) benutzt werden.

tioniert, ist das Begehen eines Firngrates eine heikle Angelegenheit, die viel Erfahrung erfordert. Wechtenbruch und Lawinengefahr sind zu beachten, auch ist die Mitreißgefahr besonders hoch! Entweder geht man ohne Seil, »mit allen Konsequenzen«, wie der deutsche Bergführerausbilder Peter Geyer einmal schrieb, oder man sichert richtig! Man frage sich: »Was passiert, wenn jemand stürzt?«, und die Antwort darf immer nur sein, dass sich zwar jemand verletzen kann, weil sich das Seil erst straffen muss und er vorher irgendwo anschlägt, es aber niemals zu einem Totalabsturz der Seilschaft kommen kann und darf!

> **KURZ UND KNAPP**
>
> Das Einrichten eines Fixseils eignet sich für Routen mit kurzen Kletterstellen. Einer aus der Gruppe sollte dazu ohne Zwischensicherungen vorsteigen können. Bei fest installierten Seilversicherungen (Taue oder Ketten) in der Vertikalen sollten die Kletterer bei Bedarf zusätzlich abgesichert werden.

Sicherungspraxis

Absicherung am Blockgrat

Zunächst sollte man am Grat das Seil verkürzen: 25–30 m reichen, keine längeren Abseilstellen vorausgesetzt. An langen Graten wie am Weißhorn ist es unmöglich, durchgehend von Stand zu Stand wie beim klassischen Seilschaftsklettern im Fels zu sichern. Dann würde man für solche Touren mehrere Tage brauchen. Wenn aber am Grat steile Kletterstellen vorkommen, sollte einzeln gesichert und geklettert werden. Am flachen Grat ohne schwierige Kletterstellen kann man am *gleitenden Seil* klettern: Das Seil ist zwar immer wieder in Zwischensicherungen eingehängt, aber es wird nicht von Standplatz zu Standplatz gesichert. Die Seilschaft muss dafür gut eingespielt sein. Maximal drei Kletterer sind im Abstand von 10–15 m ins Seil eingebunden. Am einfachsten ist es, das Seil immer um Blöcke zu »schlenzen«: Folgt eine heikle Stelle westseitig, lasse ich zuvor das Seil ostseitig um einen stabilen Block laufen, damit es mich im Sturzfall hält. Durch die hohe Seilreibung am Felsgrat ist die Mitreißgefahr gering. Mit anspruchsvoller werdendem Gelände ist die gleitende Sicherung noch immer möglich, jedoch mit Fixpunkten; besonders dort, wo keine großen Blöcke zum Schlenzen vorhanden sind.

Der Erste in der Seilschaft hängt einfach immer wieder Sicherungen ein, der Zweite hängt sie um (dabei muss die Seilschaft kurz

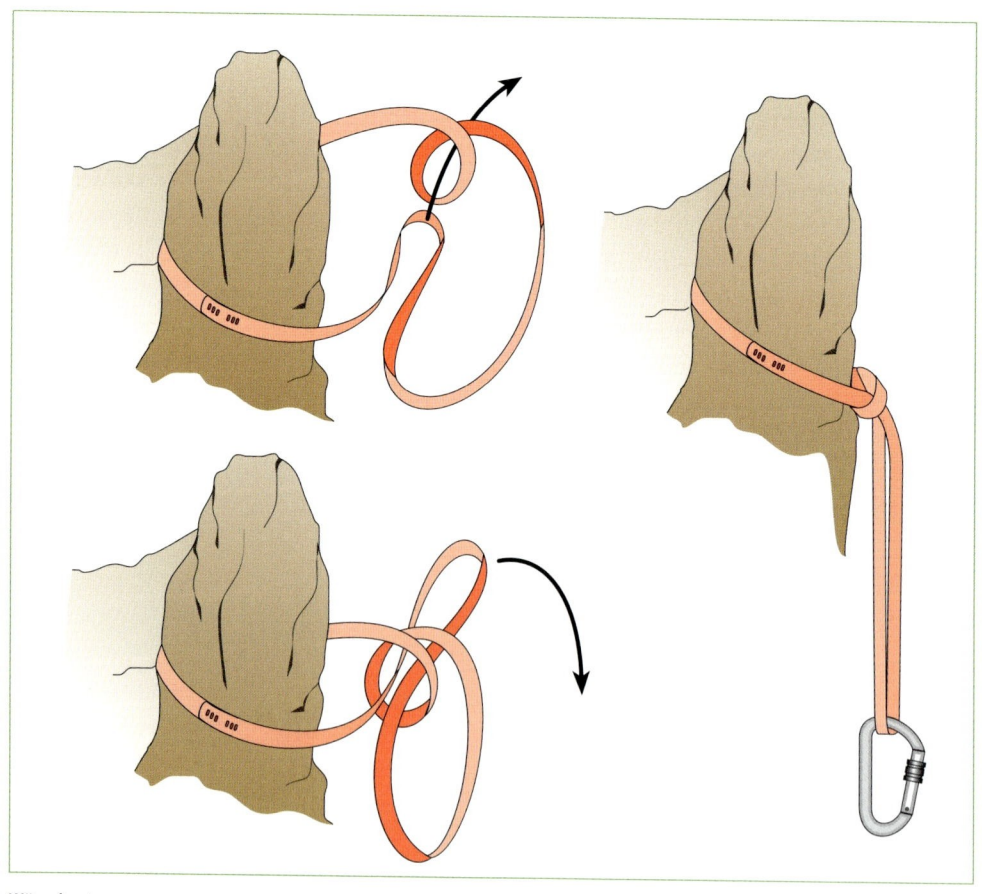

Würgeknoten

Firn- und Felsgrate begehen

> **EXPERTENTIPP**
>
> Über solide Felsköpfe kann man Köpfelschlingen legen und mittels einzelnem Karabiner oder Expressschlinge das Seil durchlaufen lassen. Mit dem Würgeknoten verhindert man, dass sich die Schlinge vom Köpfel löst. Besonders im Granit lassen sich auch Friends und andere Klemmgeräte gut legen. An häufig begangenen Graten findet man an schwierigen Stellen Mauerhaken und Bohrhaken. Gerade am Grat übersieht man diese gerne.

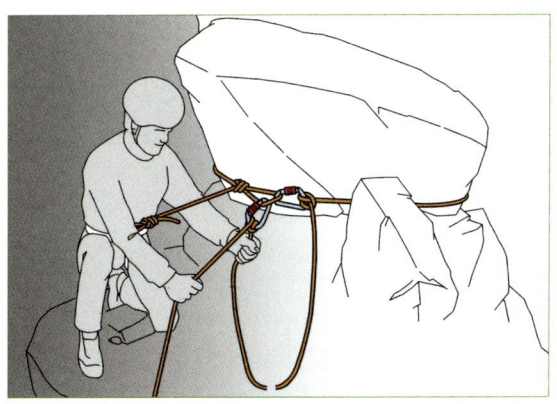

Ein stabiler Block als Stand mit dem Seil gefangen

stehen bleiben), der Dritte hängt die Sicherungen aus und bringt sie mit. Wenn der Erste kein Sicherungsmaterial mehr am Gurt hat, sichert er die anderen über einen Standplatz nach und man geht entweder überschlagend oder tauscht das Material aus. So kommt man am Grat recht zügig voran, da große Gratstrecken gleichzeitig geklettert werden. Weitere Tipps:

- Der Vorsteiger muss im Quergang, und das ist der Grat ja faktisch über weite Strecken, immer bedenken, ob der Nachsteiger auch mit der Zahl an Zwischensicherungen auskommt, die er für sich selber legt! Ein Pendelsturz bedeutet immer weite Sturzwege. Wenn der Nachsteiger psychisch und klettertechnisch deutlich schwächer ist, muss man mehr Zwischensicherungen legen. Besonders im abfallenden Quergang, denn hier ist der Vorsteiger faktisch besser gesichert als der Nachsteiger!

Große solide Blöcke kann man auch als Standplatz zum Nachsichern benutzen. Wenn der Block für die Bandschlinge zu groß ist, kann man ihn auch mit dem Seil »einfangen«: Man macht einen gelegten Achterknoten ins Seil, legt es um den Block und längt es per Mastwurf, in einem verschlussgesicherten Karabiner im Achterauge, auf die passende Länge ab. Das Achterauge wird als Zentralpunkt für die Sicherung benutzt.

Heikel: Absicherung von Firngraten

Im Firn ist die Mitreißgefahr ungleich höher. Blöcke, um die man das Seil schlenzen kann,

> **EXPERTENTIPP**
>
> **Einfach- oder Halbseil?**
>
> Das Einfachseil ist angenehmer zu handhaben, so viel steht fest. In den letzten Jahren hat es jedoch wieder vermehrt Seilrisse gegeben, da die Einfachseile, obwohl normkonform, immer dünner werden und die Scharfkantenfestigkeit offensichtlich doch nicht ausreicht. Und wo gibt es scharfe Kanten, wo können die gefährlichen Scherbelastungen auftreten? Genau, am Grat. Wer auf der sicheren Seite sein will, sollte am felsigen Grat also immer zwei Halbseilstränge benutzen. Am Firngrat dagegen reicht ein Einfachseil. Letzten Endes sollte die Entscheidung vom Charakter der Tour abhängig gemacht werden.

Sicherungspraxis

Am Dôme du Miage fängt die Überschreitung ganz harmlos an. Vorausschauend handeln heißt hier, die jeweils angemessene Sicherungsmethode zu antizipieren und nicht erst im Absturzgelände hektisch umzubauen.

gibt es nicht. Und da, wo es flacher wird und man leichter gehen kann, steht man bereits auf der Wechte! Also sollten Firngrate erheblich defensiver angegangen werden! In puncto Absicherung gibt es nichts Heikleres. Wenn der Grat aper ist, können im Blankeis Eisschrauben gesetzt und dann kann am gleitenden Seil gegangen werden. Dies ist jedoch selten der Fall. Wenn der Grat nicht allzu steil ist, die Sturz- und Mitreißgefahr also v.A. zur Seite gegeben ist, wird mit Sprungseil gesichert. Dazu wird das Seil wie im Bild abge-

Blankeis wie hier am Dôme du Miage kann leicht mit Eisschrauben abgesichert werden.

bunden und der Seilschaftsführer (oder beide, oder der Vordere und der Hintere) halten 10–12 m in Schlingen aufgenommen in der Hand. Diese wirfst du weg, wenn einer stürzt. Das gibt dir eine lebensentscheidende Sekunde Zeit, auf die andere Seite zu springen – klingt nicht nur spektakulär, sondern ist es auch –, dies ist aber die einzige Möglichkeit, einen Seilschaftssturz am steilen Firngrat beim gleichzeitigen Gehen zu verhindern. Die Methode braucht Entschlossenheit, Erfahrung und Übung.

Abstieg und Abseilen

Am berühmten Grat des Piz Palü, einem typischen Sprungseilgelände: Der Fotograf hat das Sprungseil auslaufen lassen und die anderen dann gebeten, fürs Foto stehen zu bleiben.

Im Abstieg ist immer wieder die Frage zu stellen, ob und ggf. wo gesichert werden muss. Wenn man dieselbe Stelle im Aufstieg problemlos seilfrei gemeistert hat, heißt das eben nicht, dass das im Abstieg auch klappt: *Psychisch* ist die Stelle ebenfalls im Abstieg anspruchsvoller, da der Blick jetzt nicht auf den nächsten Tritt, sondern über das Steilgelände hinweg ins Tal gerichtet ist, und *motorisch*, weil unsere Anatomie eben nicht für das Vorwärtsabklettern (Blick ins Tal) geschaffen ist. Gibt es Kletter- bzw. Abseilstellen, kann man vor dem Abstieg gleich die Selbstsicherungsschlinge herrichten, denn die braucht man zum Abseilen. Sobald man das Bedürfnis hat, sich zum Berg umzudrehen, sollte man gleich bedenken, ob sichern nicht besser ist.

Wenn nur einer der Partner Sicherungsbedarf hat, ist es optimal, diesen abzulassen. Wenn absolut klar ist, dass der/die Zweite/Dritte nicht abseilen muss, kann die ganze Seillänge dazu genutzt werden (mit abgeknotetem Ende, s. u.). Das Ablassen hat den großen Vorteil, dass der Abgelassene mit seinem Seil – anders als der Abseilende, wo ja das Seil hinunterge-

Seilabbund. Das Seil wurde am Ende mit einem Sackstich durch das Achterauge am Anseilring und um alle Seilschlaufen fixiert. Der anschließende Mastwurf im Karabiner sorgt für optimale Schwerpunktlage und rasche Veränderung der Seillänge bei Bedarf.

Sicherungspraxis

> **EXPERTENTIPP**
>
> Eine Tour endet bekanntlich erst daheim am Ofen. Der Abstieg wird häufig unterschätzt, da Hochtourengeher oft die konditionelle Anforderung und die Schwierigkeiten des Aufstiegs in den Vordergrund stellen. Die motorische Herausforderung, besonders wenn es gilt, in kombiniertem Gelände zu klettern, ist im Abstieg größer. Hinzu kommt, dass man nicht mehr so feinmotorisch arbeiten kann, da man ja bereits vom Aufstieg erschöpft ist. Trotzdem hat man es immer noch eilig, da die Spaltenbrücken, die meist auf dem Gletscher zwischen Gipfel und Hütte zu passieren sind, mit der aufsteigenden Sonne zunehmend instabiler werden. Dies alles sollte die Tourenplanung berücksichtigen.

worfen wird – weniger Steinschlag auslöst, was in viel begangenen Touren häufige Unfallursache ist. In brüchigem Gelände sollte man grundsätzlich so vorgehen, auch wenn beide ins Seil wollen: Der Erste wird abgelassen.

Also wird Person 1 am Einfachstrang zum nächsten Stand abgelassen. Wenn beide am Seil herunterwollen, kann der Erste das andere Ende des Seils gleich vorsichtig mitnehmen, um keinen Steinschlag auszulösen. Am Stand angekommen, hängt er seine Selbstsicherung ein, bindet sich aus, sichert die Seilenden separat per Sackstich oder Achter und ruft laut: »Seil frei!« Dann können die Folgenden abseilen.

Der Abseilvorgang selbst ist im Hochtourengelände in Abhängigkeit von Seilschaftsgrö-

Abseilen mit Kurzprusikschlinge

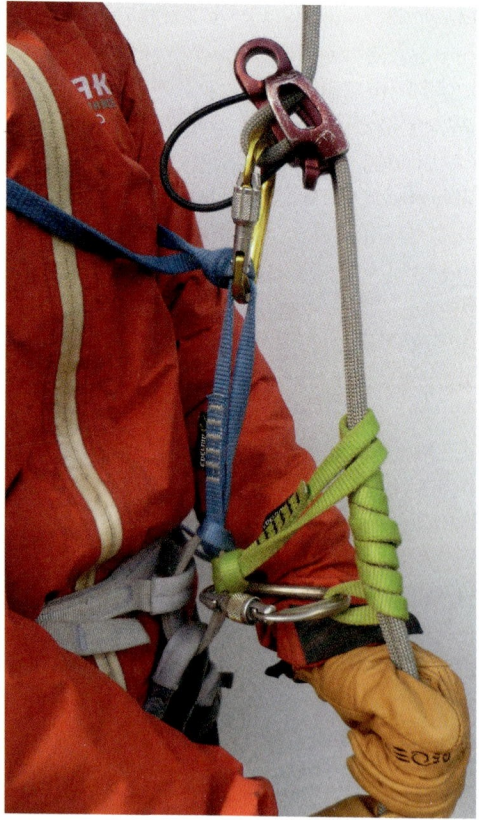

Abseilen mit Machardknoten (Autoblock)

ße, verwendetem Seil und Qualität der Abseilpiste komplizierter, als man denkt. Leider gibt es durch Nachlässigkeitsfehler (die jedem von uns passieren können!) immer wieder Tote und Schwerverletzte, weil Leute beispielsweise über die ungesicherten Seilenden hinaus abseilen.

Das jeweilige Abseilgerät wird wie in der Abbildung mit verschlussgesichertem Karabiner in den Sackstich der Selbstsicherungsschlinge eingehängt. Der erste Abseilende braucht eine Redundanz (zusätzliche Sicherung) für den Fall, dass er das Seil loslässt – etwa, weil er von einem Stein auf den Kopf, bzw. auf den hoffentlich vorhandenen Helm, getroffen wird. Diese wird über eine um beide Seilstränge geknüpfte Kurzprusikschlinge hergestellt, die per Verschlusskarabiner entweder in den Anseilring oder in eine der Beinschlaufen gehängt wird, je nach Vorliebe. Wichtig ist ein ausreichender Abstand zwischen Abseilgerät und Prusikschlinge, damit diese nicht ins Gerät rutschen kann. Dies ist bereits durch das hoch in der Selbstsicherungsschlinge (statt im Anseilring) hängende Abseilgerät gegeben. Eine gute Alternative stellt der Machard- oder Autoblockknoten dar (siehe Bergundsteigen 3-2012): Er ist schneller als der Prusikknoten ein- und vor allem ausgeknüpft, was den ungeduldigen, schon an den Seilsträngen zappelnden Seilpartner freut. Auch ist er leicht zu bedienen. Man braucht dafür eine 60 cm lange, per Kreuzschlag abgeknotete Prusikschlinge (oder eine 60-cm-Bandschlinge – hat man ohnehin dabei!), die per Ankerstich im Abseilring, wie dargestellt, gewickelt und eingehängt wird.

Der Abseilstand

Obwohl am Abseilstand nur etwa das dreifache Körpergewicht als Energieeintrag zu erwarten ist, sollten an ihn die gleichen Anforderungen gestellt werden wie an einen Standplatz, von dem der Vorsteiger gesichert wird. Also mindestens ein verlässlicher Fixpunkt plus Redundanz oder eben mehrere, die so miteinander verbunden sind, dass bei

> **EXPERTENTIPP**
>
> Beim Einfachseil ist es wichtig, dass die Seilmitte markiert ist. Dies sollte nicht mit einem Tapestreifen passieren. Dieser blockiert oder verrutscht im Halbmastwurf, beides ist nicht erstrebenswert. Lustigerweise hat die DAV-Sicherheitsforschung in Tests herausgefunden, dass die Markierungsstifte der Seilhersteller ihre Tücken haben. Am besten schnitt der gute alte Edding 3000 ab!

Schematische Darstellung eines klassischen Abseilstandes. Ein moderner Abseilstand besteht oft aus zwei mit einer Kette verbundenen Bohrhaken, wobei am unteren eine Öse zum Fädeln des Seiles ist.

Sicherungspraxis

> **EXPERTENTIPP**
>
> Für Abseilstände zweifelhafter Qualität: Wenn sich die erste Person abseilt, kann man noch eine lockere Hintersicherung (etwa über einen Friend, ein stabiles Köpfel oder eine Eisschraube) anbringen, dann sieht man ja, ob das System hält. Entsprechend sollte dann auch der Schwerste der Seilschaft zuerst abseilen.

Ausbrechen des einen kein neuer Energieeintrag erfolgt.

Oft sind die Haken mit sonnengegerbten »Fusselschlingen« verbunden, bei denen niemand weiß, was die noch aushalten mögen. Im Zweifel sollte man dort lieber noch etwas Schlingenmaterial zusätzlich legen, auch wenn dies einen Verlust bedeutet. Gleiches gilt für das Abseilglied, meistens ein Schraubglied (Maillon Rapide). Wenn das dünn und rostig ist, gerne ersetzen! Man hat immer ein bis zwei dabei, sonst opfert man eben einen Karabiner.

Abseilstand einrichten im Eis

Die beste Rückzugsmethode im Blankeis ist zweifelsohne die Abalakov-Sanduhr. Zumal selbst viele Einfachseile mittlerweile so dünn sind, dass man sie dort direkt fädeln kann und somit nicht einmal ein Stück Reepschnur geopfert werden muss. Doch der Reihe nach: Bei der Abalakov-Eissanduhr werden zwei Löcher ins Eis gebohrt, die sich hinten treffen. Dafür braucht man mindestens eine lange (21 cm) Eisschraube, einen Fädler (kann man kaufen oder sich selbst aus einer alten Fahrradspeiche basteln) und etwas Fingerspitzengefühl: Man bohrt zunächst ein Loch ca. im 60°-Winkel und versucht dann mit dem zweiten Loch, welches man in einem horizontalen Abstand von ca. 15–20 cm bohrt, das erste Loch möglichst weit hinten zu treffen. Wie gesagt, das Seil passt meist durch; mit dem Eissanduhr-Fädler kann man es durch das zuerst gebohrte Loch hinten in den zweiten Kanal fädeln. Wenn das Seil zu dick ist, muss man ein Stück Reepschnur opfern (ca. 120 cm, mind. 6 mm Durchmesser), dies am Ende mit großem Überstand per Sackstich abknoten, das Seil direkt durch die Reepschnurschlinge fädeln und daran abseilen (auf entsprechen-

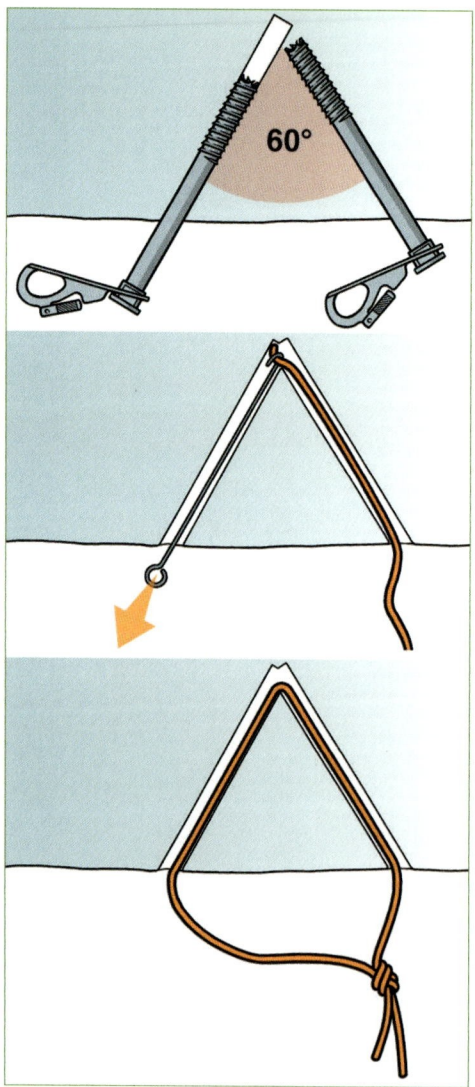

Abalakov-Eissanduhr

Die Seilschaft in Bewegung

> **KURZ UND KNAPP**
>
> Abseilen auf Hochtour ist ebenso komplex wie das Gelände. Bei Steinschlaggefahr ist es sinnvoll, den Ersten abzulassen. Abseilstände können für den Ersten hintersichert werden. Lasst euch Zeit und kontrolliert euch immer gegenseitig, inkl. abgebundener Seilenden und der Frage, welcher Seilstrang abgezogen werden muss!

den Touren sollten stets ein paar Reepschnurstücke dabei sein). Achtung: Liegt Seil auf Seil ohne zwischengeschalteten Karabiner, kann man daran nur abseilen, niemals ablassen, wegen der Schmelzverbrennungsgefahr! Beim Wasserfallklettern findet man oft schon Reepschnüre im Eis vor. Die Abalakov-Eissanduhr ist schnell eingerichtet und sehr zuverlässig. Besonders geeignet ist sie auch zum Toprope-Klettern im Eis, da sie nicht so schnell ausschmilzt wie Eisschrauben. Beim Wasserfallklettern sind auch sehr dicke aufsitzende Eissäulen sowohl als Zwischensicherung wie auch zum Abseilen geeignet.

Zwischensicherungen im Eis

Als Zwischensicherungen für den Vorsteiger kommen Eisschrauben infrage, aber auch

Falldämpfer

sämtliche Sicherungsmittel für den Fels im kombinierten Gelände. Wenn es frisch eingeschneit ist, muss man aufpassen, keine geschlagenen bzw. Bohrhaken zu übersehen. Einige Kevlarschlingen (lassen sich leicht in kleine Sanduhren fädeln) sollten dabei sein, ebenso Bandschlingen unterschiedlicher Länge für große Sanduhren in Fels und Eis. Auch die dünnen Dyneemaschlingen lassen sich gut fädeln.

Die Seilschaft in Bewegung

Wie beim Gletscherseil ist es auch beim gleitenden Seil am Blockgrat oder mit dem Sprungseil am Firngrat unbedingt erfor-

> **EXPERTENTIPP**
>
> **Falldämpfer**
>
> Für alternativlose, aber doch nicht richtig verlässliche Fixpunkte an heiklen Stellen kann man als Joker einen Falldämpfer mitführen, der sowohl im Fels als auch an der Eisschraube an dubiosem Röhreneis eingesetzt wird. Der Klettverschluss spricht auf ca. 600 kN an und reißt auf, dadurch wird die Kraft, welche auf den Fixpunkt wirkt, reduziert.

lich, dass die Seilschaftsmitglieder aufeinander achten und gewährleisten, dass es stets einen guten Seilverlauf und eine für alle angemessene Klettergeschwindigkeit gibt. Dazu ist klare Kommunikation unabdingbar. Um diese zu gewährleisten, haben sich Seilkommandos etabliert. Sie müssen laut und deutlich gerufen werden, in viel begangenen Routen an einem schönen Hochsommertag sollte der Name des Partners zusätzlich gerufen werden, damit es nicht zu fatalen Verwechslungen kommt. Im Outdoor-Praxis-Band »Bergsteigen« sind die Seilkommandos ausführlich dargestellt, Ergänzungen:

Bei schlechten Kommunikationsbedingungen (Wind, kein Sichtkontakt, große Abstände) kann auf die Kommandos »Seil ein« und »Seil aus« durchaus verzichtet werden. Sie sind ja nicht sicherheitsrelevant, sondern nur komfortabel. Wenn man sich wirklich gar nicht akustisch verstehen kann, gibt es für die eingespielte Seilschaft Möglichkeiten, über Seilzug zu kommunizieren. Dies muss jedoch zweifelsfrei abgeklärt und geübt werden. Besonders gut funktioniert es, wenn mit zwei Halbseilen geklettert wird, ein Beispiel:

> **EXPERTENTIPP**
>
> **Effizient überschlagend klettern**
> Die meiste Zeit wird beim Seilschaftsklettern am Standplatz vergeudet. Der Vorsteiger kundschaftet den Weiterweg aus, während der Nachsteiger klettert. Während der Nachsteiger am Standplatz seine Selbstsicherung organisiert, kann der Vorsteiger bereits seinen Gurt mit dem Material des Partners vervollständigen. Wenn bei gleich starken Seilpartnern in Wechselführung geklettert wird, kann man die Fixpunkte am Standplatz auch direkt mit dem Seil verbinden.

- Der Vorsteiger erreicht den Stand und macht seine Selbstsicherung per Mastwurf mit einem Halbseilstrang, dann zieht er gleich noch ein paar Meter diesen Strang ein. Der Sichernde merkt dies, nimmt ihn aber noch nicht aus der Sicherung heraus!
- Der Vorsteiger baut den Stand fertig und zieht den Seilstrang, an welchem er nicht gesichert ist, ein Stück ein (damit beide Seile gleich lang sind).
- Der Vorsteiger zieht dreimal kräftig an beiden Strängen.
- Dann zieht er schnell ein paar Meter ein.
- Erst nach diesem vierten Signal – nur ein Seil bewegt sich, die Seile sind wieder gleich lang, dann zieht der Vorsteiger dreimal und will schließlich ganz schnell viel Seil – nimmt der Sichernde den Vorsteiger aus der Sicherung.
- Der Vorsteiger zieht das Seil durch. Wenn das Seil aus ist, wartet der Nachsteiger noch ca. 30 Sekunden, bis der Vorsteiger die Nachsteigersicherung eingehängt hat. Dann zieht dieser wieder dreimal, der Nachsteiger baut den Stand ab und los geht's.
- Wenn der Nachsteiger losklettert und das Seil wird nicht eingezogen, hat die Kommunikation offensichtlich nicht funktioniert. Dann muss er warten.

Dies ist nur ein Beispiel, Nachahmung auf eigene Gefahr. Wir haben gute Erfahrungen damit gemacht. Eingespielte Seilschaften heben bei Sichtkontakt nur den Arm: wenn der Vorsteiger Stand gemacht hat und wenn der Nachsteiger nachkommen kann.

Gleichzeitig klettern mit Rücklaufsperre
Die folgende Methode ist etwas für Routiniers und sollte ebenfalls vor dem Einsatz im schweren Gelände geübt werden. Bergführer

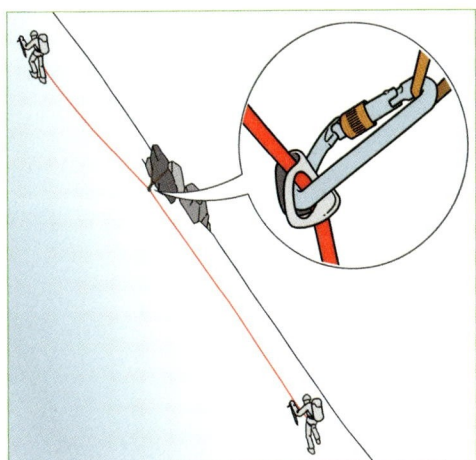

Gleichzeitiges Gehen mit Seilklemme, hier über eine Felsinsel

lieben diese Methode, weil sie gleichzeitiges Klettern ermöglicht. Voraussetzung ist ein absolut zuverlässiger Fixpunkt und ein Klettergelände, das für den Vorsteiger nicht grenzwertig ist.

- Der Vorsteiger klettert das Seil aus. Anstatt einen Standplatz zu bauen, hängt er eine Seilklemme (z. B. die leichte Tibloc von Petzl) wie abgebildet in einen verschlussgesicherten Karabiner (ausnahmsweise ohne Expressschlinge, damit er nicht verkantet) und in den Fixpunkt. Achtung: Das Seil muss auch durch den Karabiner laufen!
- Wenn nun der Vorsteiger stürzen sollte, würde er durch das Gewicht des Nachsteigers gehalten. Wenn der Nachsteiger stürzt, würde durch die Rücklaufsperre gewährleistet, dass er beim Stürzen den Vorsteiger nicht aus dem Stand reißt.
- Spätestens wenn der Nachsteiger die Seilklemme erreicht, muss der Vorsteiger wieder eine Zwischensicherung einhängen oder einen Standplatz bauen, bevor der Nachsteiger die Seilklemme abbaut.

Aufbau der Seilklemme

Als Fixpunkte eignen sich Bohrhaken im Fels, Eisschrauben oder der T-Anker. Besonders geeignet ist die Methode für leichte, lange Eistouren wie die Pallavicinirinne am Großglockner oder an Graten mit leichter Felskletterei. Hat man einige der leichten Klemmen mit Schraubkarabiner dabei, muss man nur alle 120–150 m Stand machen. Dann gibt's vielleicht mittags schon ein Bierchen ... Ein Nachteil von Klemmen mit Dornen ist, dass sie nicht besonders seilschonend sind, daher muss der Seildurchmesser unbedingt zur verwendeten Klemme passen. Ohnehin kommt es im Sturzfall ggf. zu leichten Mantelbeschädigungen. Aber Stürzen ist ja sowieso tabu!

Stürze in Gletscherspalten sind auf Hochtouren auch mit größter Umsicht nicht auszuschließen. Damit daraus kein Notfall wird, gilt es die gängigen Bergungsmethoden zu beherrschen. Hier: offene Spalten am Beginn des Bossesgrat, Mont Blanc.

Notfälle meistern

Rückzug

Nach unserer Ankunft in Chamonix machen wir uns direkt auf den Weg zum Refuge de Couvercle, unternehmen ein bis zwei Eingehtouren und dann wollen wir die »Grüne Nadel« (Aiguille Verte) versuchen. Bereits der Hüttenzustieg zeigt: Es liegt viel frischer Schnee, der sich bei bestem Wetter tagsüber in knietiefen Sumpf verwandelt. Dank nächtlicher Kälte erreichen wir problemlos den Einstieg und klettern seilfrei durch besten Trittfirn Richtung Aiguille de Jardin. Den folgenden brüchigen Kamin im IV. Schwierigkeitsgrad gehen wir angeseilt an. Am Ende des Kamins erwartet uns eine Platte, durch die ein schmaler Riss verläuft. Der Standplatz scheint solide. Jochen steigt beherzt in die Platte ein, hängt an einem rostigen Haken die erste Zwischensicherung ein und klettert zögerlich weiter, bis auf einmal seine Steigeisen den Halt verlieren. Durch den Sturz gleitet der Haken aus dem Riss wie aus Butter. Bevor er mit einem gerissenen Außenband 10 m unter mir im Kamin hängt, touchiert mich Jochen noch mit seinen Steigeisen am Kopf. Rückzug! Über den Bergschrund wollen wir, wegen der mittlerweile aufgeweichten Schneedecke, abseilen. Die Schraube schießt genau in dem Moment aus dem morschen Eis, als ich zum Abseilen ansetze. Ich lande zwölf Meter tiefer im weichen Schnee.

Vom Erlebnis zur Erfahrung

Nur durch eine Reflexion der Ereignisse gelingt es, Erlebnisse in nützliche Erfahrungen zu verwandeln! Was ist schiefgelaufen? Neben der Fehleinschätzung unserer Fähigkeiten, der Verhältnisse und der Schwierigkeiten

> **EXPERTENTIPP**
>
> **Notfälle am Berg**
> … entstehen selten aufgrund einer einzigen Ursache, sondern sind oft die Folge mehrerer Faktoren oder Fehler in Kombination.
> … sind keine Schicksalsschläge, die es heldenhaft zu meistern gilt, sondern Ergebnis von Selbstüberschätzung und/oder Fehleinschätzung der Situation.
> … sind nicht ausschließlich durch Kopfarbeit zu vermeiden. Erst die Kombination von Wissen, Erfahrung und Intuition führt zu besseren Entscheidungen.

waren vor allem blindes Vertrauen in das Können des anderen und starres Festhalten am gesetzten Ziel unsere größten Fehler. Bereits während der Tour kam es mir eigenartig vor, dass wir vollkommen alleine am Berg unterwegs waren. Dass der Haken nur eine moralische Sicherung war und nie unter Belastung halten würde, war mir klar – das ignorierte ich aber. Auch ohne jede Erfahrung fand ich die Eisschraube im morschen Eis eigenartig. Alles verdrängt? »Uns ist noch nie was passiert! Der kann das schon! Wird schon gut gehen! Jetzt oder nie!«

Alpine Gefahren erkennen und bewerten

»Das Leben ist lebensgefährlich.« Das gilt natürlich auch für das Leben als Bergsteiger. Wer das Risiko eines Bergunfalls ausschließen will, muss zu Hause bleiben. Auch dort lauern Gefahren – nur andere. Ein großer Teil der Faszination am Bergsteigen ist es, Unbekanntes zu entdecken, neue Wege zu beschreiten und seine eigenen Grenzen auszuloten. Absolute Sicherheit würde bedeuten, auf all dies zu verzichten.

Zielführend ist es also, sich Klarheit zu verschaffen: Welchen Gefahren bin ich ausgesetzt und wie gehe ich damit um? Lassen wir beim Bergsteigen die Vollkaskomentalität im Tal und übernehmen selbst die Verantwortung! Ganz im Sinne der 2002 in Innsbruck entwickelten Tirol-Deklaration, welche die Grundwerte und Standards im Bergsport definiert.

»Lerne aus den Fehlern anderer – dann musst du sie selbst nicht machen!« Welche Fehler die anderen machen, sagt uns ein Blick in die Statistik des Deutschen Alpenvereins. Zur Beruhigung aber gleich vorweg: Das Risiko eines tödlichen Unfalls auf Hochtour ist gering: Im Jahr 2011 verunglückten auf einer Hochtour sieben der knapp eine Million DAV-Mitglieder tödlich. Hauptursache für Unfälle beim Hochtourengehen sind Stürze, gefolgt von körperlichen Problemen und Überforderung. 19 % der tödlichen Bergsteigerunfälle (im Mittel der letzten 10 Jahre) betreffen Mitreißunfälle und Spaltenstürze. Dabei lassen sich gerade diese Unfälle durch Know-how und umsichtiges Handeln vermeiden.

> **KURZ UND KNAPP**
>
> In der Praxis treten Unfallursachen beim Bergsteigen verknüpft auf.
> Zwei Beispiele:
> 1. Schwere Tour am persönlichen Limit → körperliche Erschöpfung → Konzentrationsschwäche → Sturz im leichten Gelände
> 2. Selbstüberschätzung in der Tourenplanung → erhöhter Zeitbedarf auf Tour → Orientierungsverlust in der Dunkelheit → Evakuierung durch die Bergwacht.

Unfallursachen

Nobody is perfect! Rund drei Viertel aller alpinen Notfälle gehen auf falsche Einschätzungen und/oder Fehlentscheidungen der beteiligten Bergsteiger zurück. Das eigene Können, die Anforderungen der Tour oder

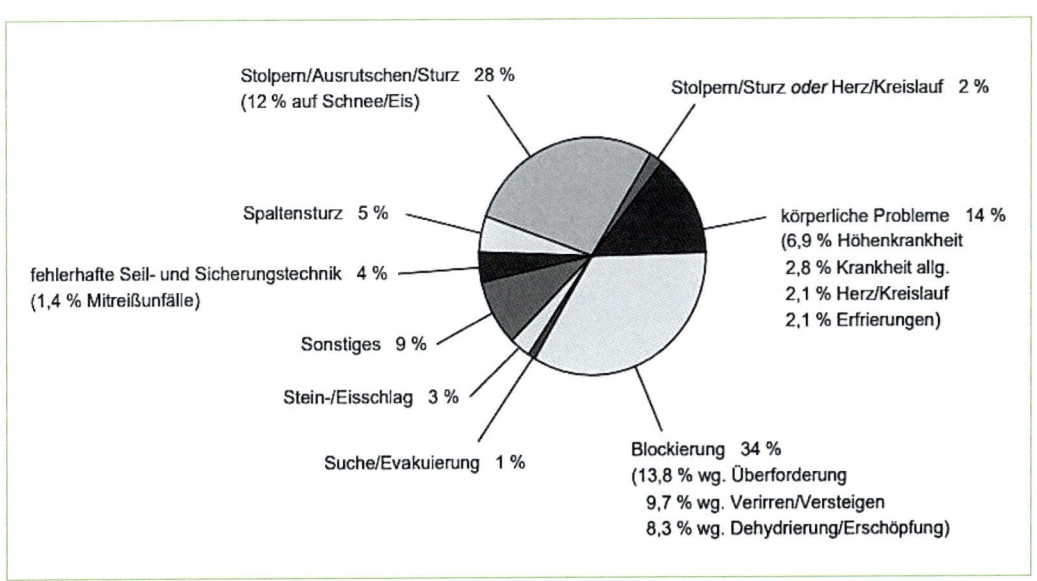

Ursachen von Unfällen beim Bergsteigen. Quelle: Bergunfallstatistik 2014/15 des Deutschen Alpenvereins

Notfälle meistern

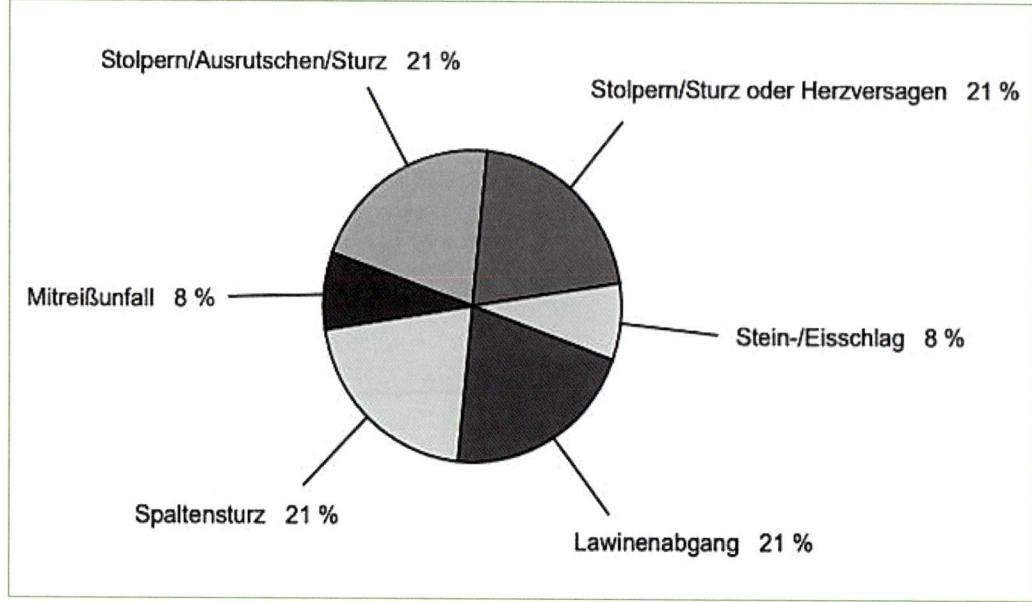

Ursachen von tödlichen Unfällen beim Bergsteigen. Quelle: Bergunfallstatistik 2014/15 des Deutschen Alpenvereins

das Gefahrenpotenzial der Situation werden häufig falsch bewertet. Dagegen hilft nur gnadenlose Ehrlichkeit und Offenheit. Gegenüber sich selbst, den Partnern am Berg und eventuellen Führungspersonen. Hier liegt der größte Hebel, um Unfälle zu vermeiden.

Unser eigener Führungsstil am Berg ist von Transparenz und Offenheit geprägt. Dazu gehört es, Informationen, Bewertungen und Entscheidungen offen zu kommunizieren und den Teilnehmern die Möglichkeit zum Mitreden zu geben. Die Vorteile liegen auf der Hand:

EXPERTENTIPP

Eine offene und ehrliche Gesprächskultur am Berg ist vorteilhaft – auch über »weiche« Themen! Jeder hat mal einen schlechten Tag, schleppt eine Portion Stress aus dem Job mit sich herum oder ist besonders motiviert, eine bestimmte Tour beim vierten Anlauf zu packen.

Folgende Fragen gilt es vor der Tour zu klären:
> Reicht meine körperliche Verfassung (Kondition, Gesundheit, Akklimatisation) aus, um die Tour mit Sicherheitsreserven durchzuführen?
> Bietet meine persönliche Bergkompetenz ausreichend Spielraum, um in der gewählten Route auch mit schwierigen Verhältnissen und eventuellen Notfällen zurechtzukommen?
> Entspricht die gewählte Ausrüstung den zu erwartenden Anforderungen (Kälte, Spalten, Steinschlag, Absicherung, Biwak, Gewicht, Orientierung, …)?
> Welchen Einfluss haben die Prozesse in unserer Gruppe auf die Sicherheit? (siehe Kapitel »Strategie, Risiko und Erlebnis«)

Stau am Cosmiquegrat im Mont-Blanc-Gebiet

Notfälle meistern

> **EXPERTENTIPP**
>
> › Als Gruppe im steileren Auf- oder Abstieg nah zusammenbleiben, damit losgetretene Steine wenig Fahrt aufnehmen können.
> › Ausnahme: Gefährdete Querungen werden einzeln begangen. Die anderen beobachten das Gelände und warnen bei Gefahr.
> › Gefährliche Passagen frühmorgens gehen, solange der Nachtfrost noch wirkt.
> › Wenn die Möglichkeit dazu besteht: Steinschlagzonen grundsätzlich weiträumig umgehen.
> › Frühzeitig den Helm aufsetzen – nicht erst im unmittelbaren Gefahrenbereich.

- Weniger Widerstand bei unpopulären Entscheidungen (z. B. Umdrehen kurz vor dem Gipfel)
- Bessere Qualität der Entscheidungen, da sie nicht ausschließlich auf »Herrschaftswissen« aufbauen

Stein- und Eisschlag

Das Hochgebirge unterliegt extrem veränderlichen Bedingungen. Temperaturschwankungen, Extremniederschläge und Trockenheit, Verwitterung und Erosion, Wind und Strahleneinwirkung sorgen dafür, dass buchstäblich kein Stein auf dem anderen bleibt. Steinschlag wird durch andere Bergsteiger und Tiere genauso ausgelöst wie durch starke Erwärmung und Regen. Es gilt achtsam zu sein und die Umgebung genau zu beobachten: Befinden sich Bergsteiger oder Gämsen in Falllinie über mir? Sehe ich Anzeichen von Steinschlag im Schnee oder auf den Felsen (dunkle Streifen, Schuttfächer, Felsbrocken, frische Ausbrüche, Steinschlagspuren an den Felsen)?

Im August 2008 wurden acht Bergsteiger um 3.00 Uhr morgens am Mont Blanc du Tacul von einer Lawine tödlich verschüttet. Die Verhältnisse waren nach einer klaren und

Argentièregletscher in Chamonix

kalten Nacht gut, die Bergsteiger erfahren, gut ausgerüstet und rechtzeitig unterwegs. Was haben sie falsch gemacht?

Tatsächlich hatten sie einfach wahnsinniges Pech. Die Lawine wurde durch einen herunterfallenden Eisturm (Sérac) des oberen Hängegletschers am Mont Blanc du Tacul ausgelöst. Dazu kommt es, wenn Teile des Gletschers aufgrund der Fließbewegung instabil werden. Da dieser Prozess nicht von der aktuellen Temperatur abhängt, ist die Gefahr kaum einschätzbar.

Gefährdete Zonen sollten deshalb am besten umgangen werden. Wenn sie unvermeidbar sind, sollte man sie zügig passieren!

Firnfelder

Stürze auf Firnfeldern gehören zu den häufigsten Unfallursachen. Nicht wegen der »extremen« Gefahr, die von ihnen ausgeht, sondern weil sie schlicht unterschätzt werden: »Das kurze Stück geht auch ohne Steigeisen.« »Ich hab ja Stöcke – das reicht mir zum Abstützen.« Achtung: Auf einem gefrorenen Firnfeld erreicht ein Stürzender annähernd Fallgeschwindigkeit! Im Zweifel also doch Steigeisen anlegen und Pickel herausnehmen. Bitte nicht als »Gletscherseilschaft« anseilen! Es gilt schließlich nicht einen Spaltensturz zu verhindern. Ein Absturz lässt sich nur durch Sichern von Standplatz zu Standplatz verhindern.

Wechten

Was haben Alfred Pallavicini, Fritz Kasparek, Hermann Buhl und Patrick Berhault gemeinsam? Richtig – alle vier sind bedeutende Alpinpersönlichkeiten. Und jeder kam durch einen Wechtensturz ums Leben. Insgesamt sind Unfälle durch Wechtenbrüche glücklicherweise selten. Wenn sie passieren, enden sie durch Abstürze in felsiges Steilgelände oder Lawinenauslösung aber meist tödlich.

Gipfelwechte der Signalkuppe, Walliser Alpen

Notfälle meistern

> **EXPERTENTIPP**
>
> › Den flachen Scheitel einer Wechte nie betreten – auch wenn alte Spuren sichtbar sind!
> › Mächtigkeit und Kammverlauf von einer sicheren Position aus einsehen.
> › Ist auf der windzugewandten Seite (Luvseite) ein Wechtenspalt (Riss in der Schneedecke) zu erkennen – die Spur stets unter diesem anlegen.
> › Wenn das Risiko unkalkulierbar ist: Sichern von Stand zu Stand oder Sprungseiltechnik anwenden.
> › Vorsicht ist auch bei Aufenthalten unterhalb von Wechten geboten, vor allem bei hohen Temperaturen.

Eine Wechte entsteht über der steilen Flanke eines Grates oder Kammes, wenn diese windabgewandt (leeseitig) ist. Bestimmte Geländeformen und wechselnde Windrichtungen können dazu führen, dass sich an beiden Gratseiten Wechten bilden. Wechten bestehen aus gepacktem Triebschnee, der mehrere Meter überhängen kann. Sie sind faszinierend, schön und gefährlich. Weder ihre Festigkeit noch die voraussichtliche Abbruchlinie sind zuverlässig einschätzbar.

Lawinen

»Neun Tote bei Lawinenunglück in den Alpen. Am 4400 m hohen Mont Maudit in den französischen Alpen sind bei einem Lawinenunglück neun Menschen ums Leben gekommen ...« (Welt Online am 12.07.2012) Das schwerste Unglück im Mont-Blanc-Massiv seit Jahren zeigt, dass Lawinen auch im Sommer, zur besten Hochtourenzeit, eine ernstzunehmende Gefahr sind. Beim Expeditionsbergsteigen ist die Lawinengefahr ohnehin ein häufiges Problem. Im Winter ist die Tourenplanung anhand des Lawinenlageberichts obligatorisch. Im Sommer und auf Expedition fehlt uns dieses Instrument. Wir sind auf unsere eigene Beurteilungsfähigkeit angewiesen und müssen selbst entscheiden. Das Thema Lawinen auf ein paar Seiten abzuhandeln ist fahrlässig. Deshalb gilt es im Zweifel defensiv zu entscheiden und sich durch Spezialliteratur und Lawinenkurse eine Entscheidungskompetenz aufzubauen.

Höhe

Die Welt wird kleiner – auch für uns Bergsteiger. Heute ist eine Reise in den Himalaja oder die Anden kein Luxus mehr, der nur ausgewählten Personen vorbehalten ist. Die Zahl der Alpinisten, die sich den mühen-, kosten-

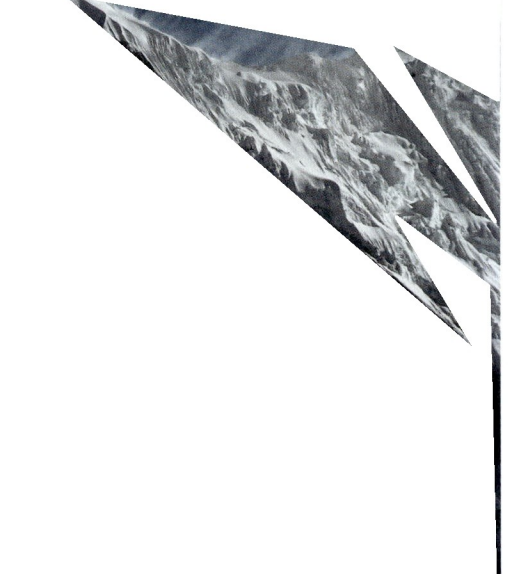

Staublawine im Hunku-Valley, Nepal

Am Westcol, Nepal (6143 m)

und zeitintensiven Ausflug ins Höhenbergsteigen gönnen, steigt von Jahr zu Jahr. Was macht diese Faszination aus? Es ist eine Mischung aus Bergsteigen in großen Höhen, der Abgeschiedenheit fern der Zivilisation, der Begegnung mit fremden Kulturen und dem Ausloten der eigenen körperlichen Grenzen. »Everest-Unfälle: Zweiter Deutscher auf dem Mount Everest gestorben« (SZ Online vom 25.05.2012). Jedes Jahr im Frühjahr erreichen

HÖHENLAGEN

bis 2500 m	Unser Organismus passt sich sofort an die veränderten Bedingungen an – eine Höhenkrankheit ist ausgeschlossen.
2500–5300 m	Die Sofortmaßnahmen des Organismus reichen nicht mehr aus. Hat unser Körper die Gelegenheit, sich an die neue Situation zu gewöhnen, kann die volle Leistungsfähigkeit hergestellt werden.
ab ca. 5300 m	Eine vollständige Akklimatisation ist nicht mehr möglich. In diesen Höhen können wir uns nur kurzzeitig aufhalten.

WELCHE SYMPTOME KENNZEICHNEN DIE HÖHENKRANKHEIT

	Auftreten/Leitsymptom	weitere Symptome
AMS (Acute Mountain Sickness)	Die akute Bergkrankheit tritt überwiegend in Höhen bis 6000 m auf und ist gekennzeichnet durch anhaltende, dumpf klopfende Kopfschmerzen.	Müdigkeit und Schwäche Übelkeit Appetitlosigkeit Schlafstörungen Apathie deutlich erhöhter Ruhepuls
HACE (High Altitude Cerebral Edema)	Das Höhenhirnödem hat mit einer Todesquote von 40 % den gefährlichsten Verlauf. Es tritt überwiegend in Höhen ab 6000 m auf. Erste Kennzeichen sind Balance- und Koordinationsschwierigkeiten sowie Orientierungslosigkeit.	schwerste Kopfschmerzen Übelkeit, Erbrechen Schwindelzustände Bewusstseins- und Wahrnehmungsstörungen Fieber Bewusstlosigkeit
HAPE (High Altitude Pulmonary Edema)	Das Höhenlungenödem tritt vornehmlich in Höhen zwischen 3000 und 6000 m auf und bewirkt einen deutlichen und plötzlichen Leistungsabfall.	Husten (später mit blutig-schaumigem Auswurf) Atemnot deutlich erhöhter Ruhepuls bläuliche Haut- und Lippenverfärbung Rasselgeräusche in der Lunge Erbrechen Fieber

uns die gleichen Nachrichten. Sie führen jedoch nicht zu einem nachlassenden Ansturm auf die höchsten Erhebungen dieses Planeten. In den meisten Fällen sind eine höhenbedingte Erkrankung und/oder taktisches Fehlverhalten Unfallursache. Das persönliche Risiko lässt sich mit ein paar Grundregeln des Höhenbergsteigens und einer verantwortungsvollen Tourenplanung deutlich reduzieren.

Was macht die Höhe gefährlich?
Mit zunehmender Höhe nimmt der Sauerstoffpartialdruck in der Atmosphäre ab. Der menschliche Körper ist nicht mehr in der Lage, die auf »Normalhöhe« übliche Sauerstoffmenge über die Lungenbläschen aufzunehmen. Es kommt zu einer Sauerstoffunterversorgung.

Cheyne-Stokes-Atmung
Ab einer Höhe von 3000 m kann es im Schlaf – auch nach erfolgter Akklimatisation – zu einer unregelmäßigen Atmung kommen (Cheyne-Stokes- oder auch periodische Atmung genannt). Die Atmung ist dabei abwechselnd sehr tief mit großen Atemzügen und sehr flach mit längeren Atemaussetzern von bis zu einer Minute. Was den Zeltnachbarn in Panik versetzen oder zumindest um den eigenen Schlaf bringen kann, ist für den Betroffenen selbst ungefährlich. Solange

Unfallursachen

Am Überdrucksack ist ständiges Pumpen Pflicht!

sich keine röchelnde, blubbernde Atmung einstellt (Anzeichen für ein Höhenlungenödem), sollte man den Schnarcher schlafen lassen.

Sauerstoffsättigung
Mit ihr kann man die Konzentration des Sauerstoffs im Blut messen. Zunehmende Akklimatisation führt zu einer höheren Trans-

> **EXPERTENTIPP BILLI BIERLING**
>
> Wer in die hohen Berge steigt, sollte sich genügend Zeit nehmen. Beantrage lieber eine Woche mehr Urlaub, denn es macht ja keinen Spaß, sich bei einer Besteigung ständig erbrechen zu müssen, wie es bei einem Wochen- oder gar Fünftagetrip zum Kilimandscharo oft der Fall ist. Allerdings sollte man auch nicht grundlos in Panik geraten. Auf einer Höhe von über 4000 m sind Kopfschmerzen fast normal und noch kein Grund zur Sorge. Treten jedoch weitere Merkmale wie Übelkeit, Bewusstseinsstörungen, Unkoordiniertheit, Erbrechen, Atemnot, erhöhte Temperatur oder ein Rasseln in der Lunge auf, sollte man auf keinen Fall höher steigen. Werden die Symptome auch nach einem Ruhetag nicht besser, bleibt dem Bergsteiger oft nichts anderes übrig als abzusteigen und sich zu erholen. Es kam schon vor, dass ein Everest-Aspirant ein Ödem im Basislager auf 5350 m erlitt, aufgrund dessen nach Namche Bazar (3300 m) abstieg und einen Monat später auf dem höchsten Punkt der Erde stand. Das Wichtigste beim Höhenbergsteigen ist, auf seinen Körper zu hören und die warnenden Merkmale von Höhenkrankheit zu respektieren. Jedoch sollte man bei geringen Kopfschmerzen oder leichten Atembeschwerden noch nicht in Panik geraten – diese Symptome sind fast normal und betreffen auch den extremsten Höhenbergsteiger!

ERSTVERSORGUNG BEI HACE UND HAPE

Höhenhirnödem (HACE)	Höhenlungenödem (HAPE)
› Gabe von Zusatzsauerstoff › körperliche Ruhe mit erhöhter Position des Oberkörpers, Wärme › Überdruckkammer (Certec-Bag, Gammow-Bag) › Medikation: Diamox, Dexamethason/Fortecortin	› Gabe von Zusatzsauerstoff › körperliche Ruhe in aufrechter Position des Oberkörpers, Wärme › Überdruckkammer (Certec-Bag, Gammow-Bag) › Medikation: Nifedipin retard/Adalat

portkapazität des Hämoglobins. Eine zu niedrige Sauerstoffsättigung ist Kennzeichen für alle drei Formen der Höhenkrankheit beziehungsweise des Akklimatisationsgrades. Sie lässt sich einfach und ohne Blutentnahme mit einem Pulsoxymeter messen.

Höhenkrank – was tun?
Bei den ersten Symptomen der Höhenkrankheit sollte auf den weiteren Aufstieg verzichtet werden. Oft reichen ein bis zwei Ruhetage aus, und die Krankheitssymptome sind verschwunden. Was aber, wenn sich die Symptome ver-

KURZ UND KNAPP

Wie kann ich Höhenkrankheit verhindern?

Es gibt große individuelle Unterschiede bei der Höhenverträglichkeit von Bergsteigern. Dennoch wird das Einhalten der folgenden Grundregeln eine Höhenkrankheit in den meisten Fällen vermeiden:

1. **Nicht zu schnell zu hoch steigen:** Ab 3000 m die Schlafhöhe um maximal 500 m pro Tag und 1500 m pro Woche steigern. Zwei Nächte auf der nächsten Höhe verbringen, wenn eine größere Schlafhöhendistanz nicht zu vermeiden ist. Grundsätzlich sollte die Schlafhöhe immer so tief wie möglich sein, zumindest tiefer als die erreichte Tageshöhe.
2. **Überanstrengung vermeiden,** Puls und Atmung beobachten: Lass es während der Akklimatisationsphase bewusst ruhig angehen und überschreite nicht 50–60 % der maximalen Leistungsfähigkeit. Ist der Ruhepuls (nach dem Aufwachen im Liegen gemessen) um mehr als 20 % gegenüber dem individuellen »Tal-Puls« erhöht, dann befindet sich der Körper noch im Akklimatisationsprozess. Jetzt heißt es Anstrengung vermeiden und eventuell einen Ruhetag einlegen. Der Sauerstoffdruck in den Lungenbläschen kann durch bewusste Mehratmung (Hyperventilation) erhöht werden, was sich positiv auf die Sauerstoffversorgung auswirkt.
3. **Achtsam sein und schnell reagieren:** Die ersten Anzeichen einer Höhenkrankheit werden oft verschwiegen oder ignoriert. Die anderen sollen schließlich nicht um ihre Gipfelchancen gebracht werden. Symptome ernst nehmen, Betroffene nie alleine lassen und im Zweifel sofort absteigen. Wenn das nicht geht, Behandlung mit allen zur Verfügung stehenden Mitteln (auch in Kombination): Sauerstoffgabe, Überdruckkammer, Medikation mit Dexamethason und/oder Nifedipin retard.

Doping hat leider auch den Bergsport erreicht. Die prophylaktische Einnahme von Diamox, Viagra und Co. ist nicht nur unsportlich, sondern auch gefährlich. Auch wenn sie die Symptome lindern, sind die Auswirkungen auf den Akklimatisationseffekt umstritten.

schlimmern oder Anzeichen einer schweren Höhenkrankheit auftreten? Der sofortige und rasche Abstieg in tiefere Lagen ist immer die bestmögliche Behandlung! Wenn ein Abstieg für den Betroffenen nicht möglich ist, muss er abtransportiert werden. Ist das aufgrund der Gefahrenlage nicht machbar (Dunkelheit, Wetter etc.), sind Notfalltherapien (Certec-Bag, Sauerstoffgabe, Medikamente) zur Überbrückung bis zum Abstieg angesagt.

Vorbereitet sein: Was tun im Notfall?

Unfälle und Notsituationen können beim Bergsteigen immer eintreten. Auch ohne eigene Beteiligung sollte jeder Alpinist in der

Verletzt im Steilgelände

Der Makalu vom Gipfel des Lhotse aus fotografiert

Notfälle meistern

Situationsanalyse mit den drei B
› **B**eobachten: Überblick verschaffen und Ruhe bewahren!
› **B**eurteilen: Bestehen akute Gefahren für mich, die Gruppe oder den Verunglückten?
› **B**eschließen: Was ist zu tun? Wer macht was? In welcher Reihenfolge?

Die ersten vier Aktionen!

1. Ist der Verunglückte sicher erreichbar? → nein → Notruf absetzen (112, regionale Notrufnummer) oder alpines Notsignal

↓ ja

Bergen und sichern
› Selbstsicherung
› Verunglückten sichern
› aus der Gefahrenzone bergen

2. Ist der Verunglückte bei Bewusstsein? → ja → Erstversorgung und Betreuung
› lebensbedrohliche Verletzungen?
› Body-Check (abtasten)
› ruhigstellen, wärmen, beruhigen

↓ nein

Ansprechen, Schmerzreiz setzen (zwicken)

↑ ja

3. Jetzt ansprechbar?

↓ nein

Atmung prüfen
1. Kopf nach hinten überstrecken
2. hören – an Nase und Mund
3. fühlen – Hand auf Brustkorb legen
4. sehen – bewegt sich der Brustkorb?

4. Atmet der Verunglückte selbstständig? → ja → Lagern und überwachen: stabile Seitenlage, wärmen und überwachen

↓ nein

Reanimation
› Verunglückten flach auf den Rücken legen
› Herzdruckmassage (100–120 Kompressionen pro Minute) und Beatmung im Wechsel (Verhältnis 30 : 2), bis professionelle Hilfe eintrifft

Vorbereitet sein: Was tun im Notfall?

Lage und willens sein, anderen zu helfen. Im Fall des Falles gilt es, die Situation zu erfassen und richtig zu reagieren. Der Erfahrenste der Gruppe sollte die Initiative übernehmen, festlegen, was zu tun ist, und Aufgaben verteilen.

Wann und wie setze ich den Notruf ab?
Stehen mehrere Personen zur Verfügung, alarmiert einer sofort, während sich die anderen um den Verletzten kümmern! Bin ich alleine, gilt es zuerst die Situation zu beurteilen und lebensrettende Sofortmaßnahmen durchzuführen. Spätestens vor Beginn einer Reanimation muss ich den Notruf absetzen, da eine Unterbrechung der Reanimation zu vermeiden ist.

Kein Empfang und keine Möglichkeit, sich selbst zu retten?
Das alpine Notsignal erfolgt mittels Pfeifen, Leuchtzeichen geben, Rufen ... Abwechselnd wird eine Minute lang alarmiert (sechs Zeichen) und eine Minute pausiert.

Und wenn der Hubschrauber kommt?
In gut besuchten Gebieten lässt sich die genaue Unfallstelle aus der Luft oft schwer ausmachen. Um bei der Suche nach dem Unfallort nicht wertvolle Zeit zu verlieren, sind für den Piloten eindeutige Signale wichtig, die der um Hilfe Rufende folgendermaßen gibt: Beide Arme ausgebreitet nach oben strecken bedeutet: »Ja, wir brauchen Hilfe!« Ein Arm oben, einer unten, zeigt an: »Nein, wir brauchen keine Hilfe!«

Bevor der Hubschrauber landet, fliegt er eine kleine Runde über dem Unfallort. Nicht zum Spaß, sondern um sich ein Bild über die nähere Umgebung zu machen. Entscheidet er sich für die Windenbergung, wird an einem Zwischenlandeplatz die Bergung vorbereitet. Sobald der Bergretter bei dir abgelassen

> **KURZ UND KNAPP**
>
> **Diese Informationen sollten übermittelt werden:**
> 1. Was ist passiert?
> 2. Wo genau? (Berg, Höhe, Kartenblatt, markante Geländeformen, GPS-Koordinaten)
> 3. Wie viele Verletzte sowie Art und Schwere der Verletzungen? (wenn einschätzbar)
> 4. Wann ist der Unfall passiert?
> 5. Wer meldet? (Telefonnummer für eventuellen Rückruf bereithalten)

Camp auf 5755 m am Trashi-Laptsa-Pass, Nepal

Vorbereitet sein: Was tun im Notfall?

Rettungsaktion im Mai 2011 vom Lager II an der Mt.-Everest-Südroute (ca. 6400 m)

> **EXPERTENTIPP**
>
> **Nach dem Unfall ...**
> › Absprechen, was jetzt getan wird. Abstieg? Zur Hütte? Physische und psychische Verfassung jedes Einzelnen berücksichtigen!
> › Individuell unterschiedliche Verarbeitung der Erlebnisse akzeptieren (Abstand, Nähe, Zuhören, Hysterie, ...)
> › Auf der Hütte/im Tal: Den Unfall in der Gruppe rekapitulieren; jeder schreibt das Erlebte auf; sich gegenseitig Hilfe anbieten.
> › Sind die Stresssymptome anhaltend: Professionelle psychologische Hilfe in Anspruch nehmen!
> › Bei Todesfällen nahestehender Personen solltest du »psychische Erste Hilfe« (Krisenintervention) in Anspruch nehmen. Und bedenke: Frische Erlebnisse lassen sich immer leichter verarbeiten.

wurde, übernimmt er das Kommando. Zur Landeeinweisung möglichst eine ebene Fläche suchen, alle losen Gegenstände entfernen oder fixieren und die »Yes-Position« mit dem Rücken zum Wind einnehmen. Während der Landung in ständigem Blickkontakt mit dem Piloten bleiben.

Wenn alles vorbei ist?

Während eines Notfalls sind wir im Wesentlichen »hormongesteuert«. Um unsere Handlungsfähigkeit sicherzustellen, schüttet der Körper in hohen Dosen Adrenalin aus. Schmerzen und quälende Gedanken werden verdrängt – die Wahrnehmung konzentriert sich auf das Überlebenswichtige. Die seelische Verarbeitung des Notfalls beginnt später und kann zu schockähnlichen Zuständen führen.

Notfälle meistern

Übung einer Dreimannrettung in den Dolomiten

Bergung im Steilgelände

Die erste Frage nach einem Unfall im steilen Gelände ist: Bin ich selbst in der Lage, die Situation sicher aufzulösen, oder ist jetzt professionelle Hilfe angebracht? Die Bergrettung kann Verletzte aus allen (un-)möglichen Lagen bergen – aber nur wenn du sie erreichst und Wetter und Verhältnisse es zulassen. Bist du auf dich allein gestellt, ist neben dem Beherrschen der Bergemethoden vor allem Improvisationstalent gefragt.

Wenn der Verletzte selbstständig agieren kann ...

Grundsätzlich geht es darum, aus dem unmittelbaren Gefahrenbereich zu gelangen. In den meisten Fällen ist das der Rückzug nach unten. Ist der verletzte Partner noch handlungsfähig? Dann ist einfaches Ablassen die beste und schnellste Rückzugsmethode.

Seilschaft auf dem Glacier du Tour, Chamonix

Bergung im Steilgelände

EXPERTENTIPP

Noch schneller seid ihr mit zwei Seilen. Die Seile werden verknüpft und schon kannst du deinen Partner über die doppelte Länge ablassen.
› Vor dem Ablassen die Seilenden mit einem Sackstich verknoten!
› Mit HMS-Knoten ablassen!
› Nach halber Strecke den Sackstich langsam in den HMS-Knoten einlaufen lassen.
› Jetzt zieht sich der HMS-Knoten auf – eine Schlinge entsteht.
› Vorsichtig die beiden Seilenden durch diese Schlinge fädeln und mit einem Ruck den Knoten durchziehen (siehe unten).

- Ablassen des Verletzten zum nächsten Standplatz.
- Abgelassener fixiert sich mit Selbstsicherungsschlinge.
- Der Retter seilt sich zum Verletzten ab, sichert sich und zieht das Seil ab.

Ablassen mit der Halbmastwurfsicherung

Ist das Gelände unbekannt oder der Verletzte nicht in der Lage, einen Standplatz zu errichten? Dann seilt der Retter zuerst ab, baut den Standplatz und lässt den Verletzten über eine Umlenkung zu sich herab.

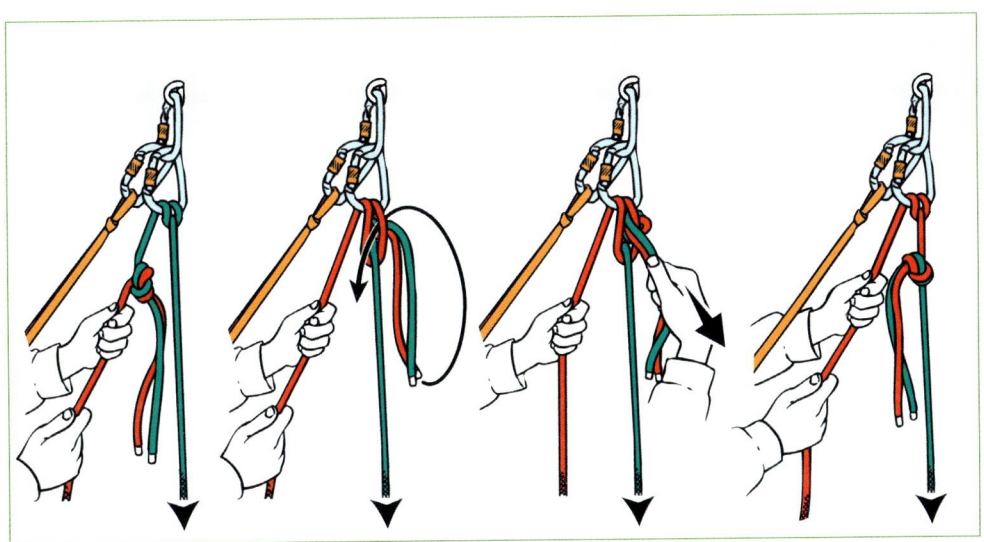

Seilverlängerung bei Ablassen mit HMS

Notfälle meistern

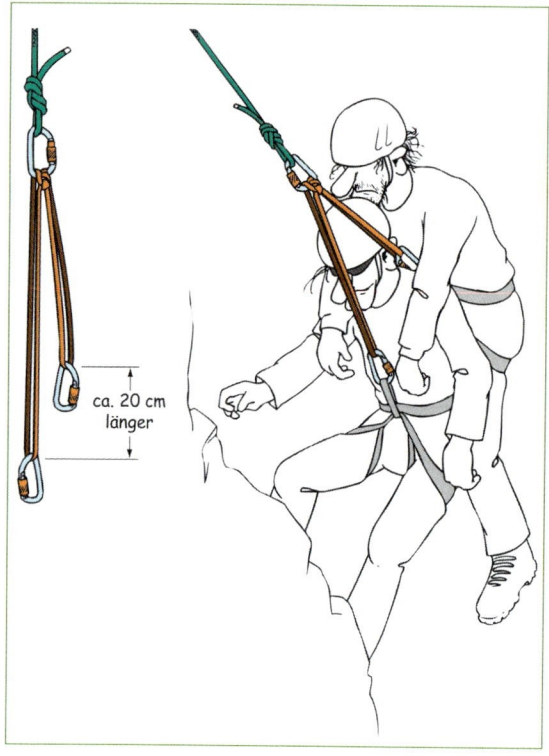

Dreimannrettung mit Bergespinne

Was ist, wenn ich den Verletzten nicht ablassen kann (Bewusstlosigkeit)?

Jetzt geht es ans Eingemachte. Die folgenden Bergetechniken erfordern Übung und Kraft.

Verletzten mit einem Helfer ablassen

Ihr seid mindestens zu dritt? Dann wird der Verletzte zusammen mit einem Helfer abgelassen. Wegen des höheren Gewichts braucht ihr einen verstärkten Abseilknoten. Einfach und schnell gelegt ist die doppelte HMS (auch Württemberger HMS).

Der Helfer wird an einer Bergespinne zum Verletzten abgelassen. Nun fixiert ihr ihn mit einem Verschlusskarabiner am kürzeren Ende der Spinne und platziert ihn auf dem Rücken des Helfers. Zur besseren Stabilität des Verletzten kann er mit Schlingen an dessen Klettergurt fixiert werden.

Werden die beiden mit einer Seilverlängerung abgelassen, ist etwas Umbauarbeit am Stand nötig, da der Verbindungsknoten

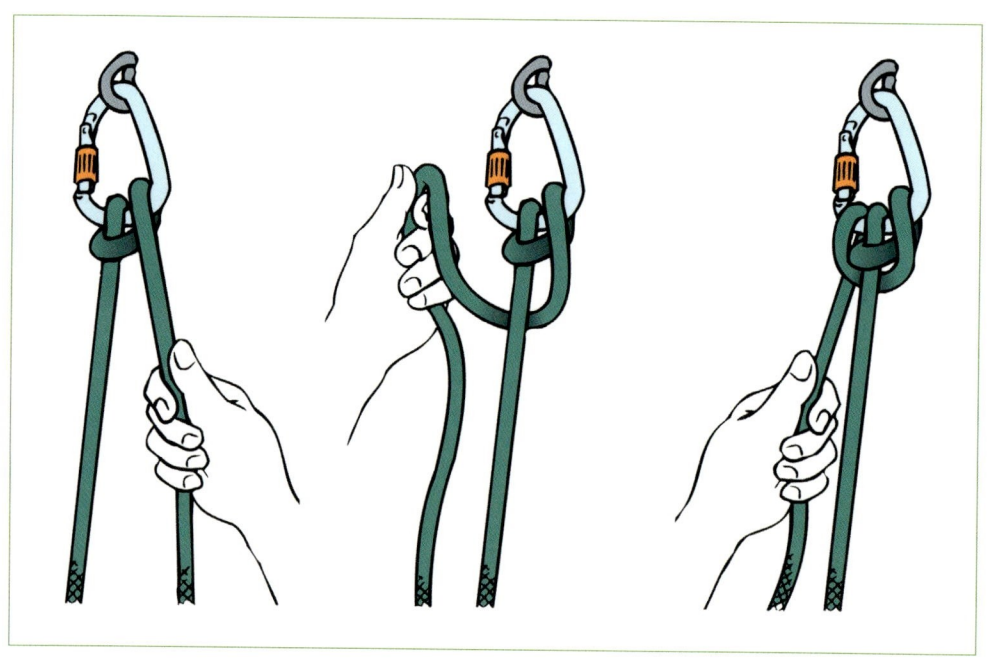

Doppelte HMS zur Steigerung der Bremswirkung

Bergung im Steilgelände

nicht ohne Weiteres durch die doppelte HMS läuft. Achte auf die richtige Einhaltung der Schritte!

1. 2–3 m, bevor der Verbindungsknoten die HMS erreicht, das Seil mit einem Schleifknoten fixieren.
2. Lange Reepschnur mit Prusikknoten am Lastseil befestigen, in Extra-HMS am Stand einlegen und mit Schleifknoten fixieren.
3. Den Schleifknoten am Seil lösen. Beim Nachlassen den Prusikknoten mit der anderen Hand aufhalten. Wenn der Verbin-

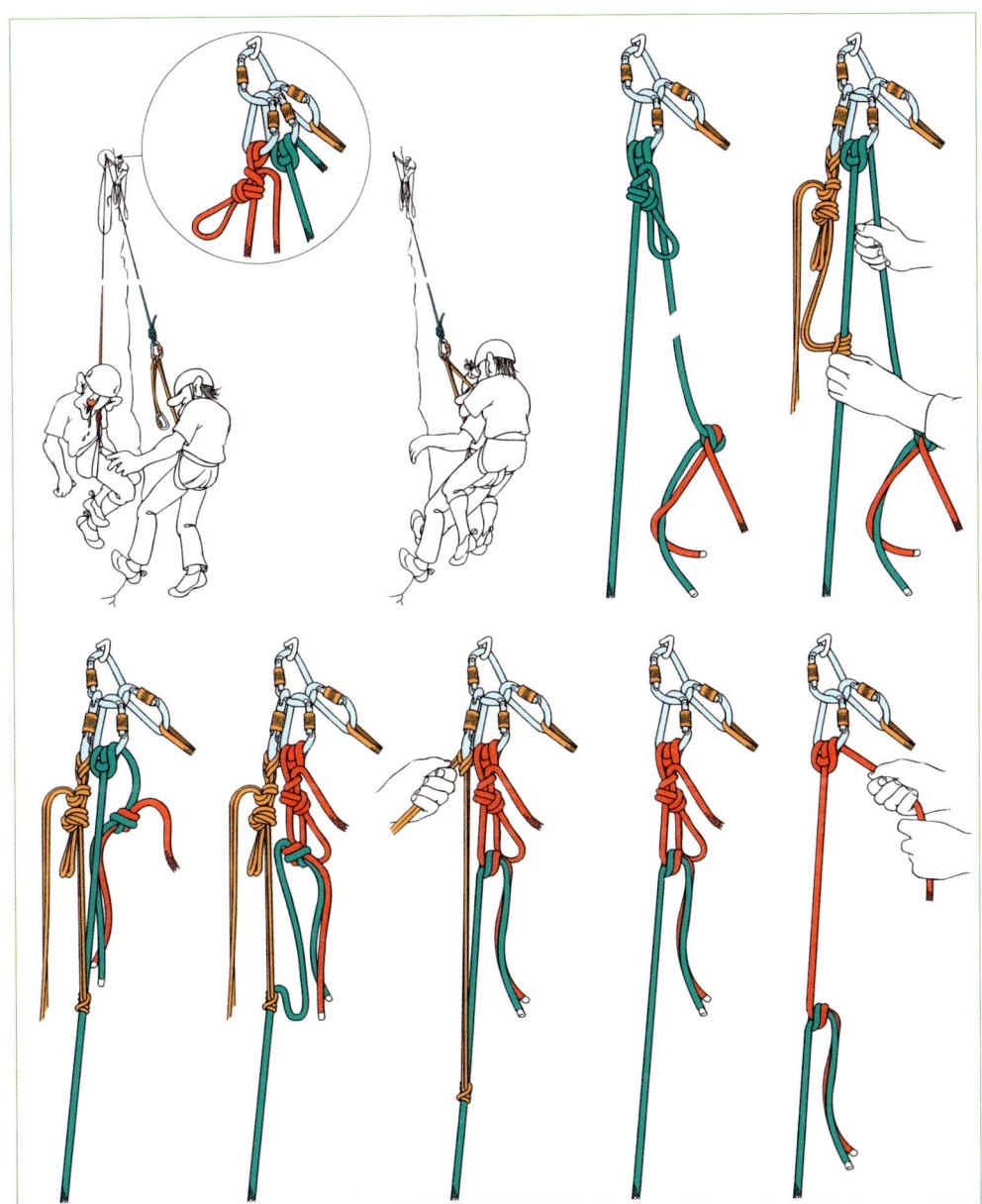

Seilverlängerung bei der Zweimannrettung

Notfälle meistern

dungsknoten sich ca. 0,5 m vor der HMS befindet, den Prusikknoten klemmen lassen und die Last auf die Reepschnur übertragen.
4. Den Verbindungsknoten durch die doppelte HMS ziehen und erneut mit einem Schleifknoten fixieren.
5. Den Schleifknoten an der Reepschnur lösen und Last auf das Seil übertragen. Die Reepschnur komplett entfernen.
6. Jetzt noch den Schleifknoten am Seil lösen und weiter ablassen.

> **EXPERTENTIPP**
>
> Seid ihr am Stand zu zweit? Dann könnt ihr euch die Schleifknoten sparen. Während einer am Seil bzw. an der Prusikschlinge agiert, übernimmt der andere die Bremsfunktion, indem er seine HMS blockiert.

Ich bin mit dem Verletzten alleine
Abgeseilt wird mit einem verstärkten Bremsknoten (z.B. doppelte HMS) an der Bergespinne. Zusätzlich dient ein ins Seil geknüpfter Prusikknoten als Sicherung. Der bietet auch die Chance, während des Abseilens eine Pause einzulegen. Besonders anspruchsvoll ist der Standplatzwechsel. Wenn du den Bewusstlosen mit HMS und Schleifknoten am Stand fixierst, lässt er sich später leichter vom Stand lösen.

Flucht nach oben ...
In Ausnahmefällen (wenn sie einen schnellen und leichten Abstieg ermöglicht oder schnell ein sicherer Platz erreicht werden kann) ist eine Bergung nach oben angesagt. Hier kommen die im folgenden Kapitel »Bergung aus der Spalte« beschriebenen Techniken identisch zum Einsatz.

Bergung aus der Spalte

Gletschereis reagiert physikalisch ähnlich wie Kuchenteig: auf Druck plastisch – auf Zug spröde. Fließt Gletschereis über Kanten, unebenes Gelände oder um Kurven, reißt es auf – Spalten entstehen. Auch am Randbereich des Gletschers zum Fels hin (Randkluft) oder zu Eiswänden (Bergschrund) brechen Spalten auf. Auf einem nicht mit Schnee bedeckten (aperen) Gletscher geht

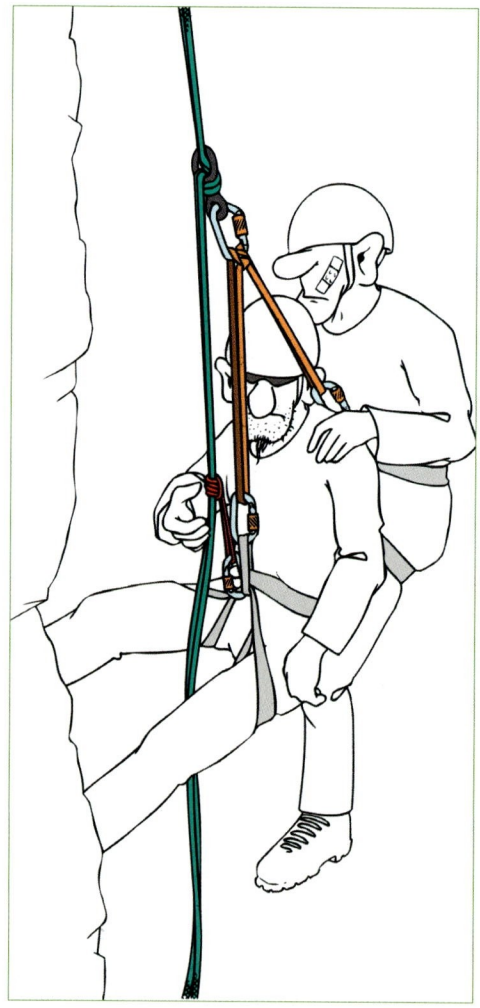

Einmannrettung

von den Spalten kaum Gefahr aus, da sie einfach umgangen oder übersprungen werden können. Je nach Größe und Lage entstehen durch Schneefall Brücken über den Spalten, deren Tragfähigkeit kaum zu beurteilen ist. Deshalb gilt auf verschneiten Gletschern stets »Anseilpflicht«. Spaltenstürze tragen mit 21 % zu allen tödlichen Bergsteigerunfällen bei (Quelle: DAV Bergunfallstatistik 2014/15). Dabei muss ein Spaltensturz, bei umsichtigem Verhalten und Kenntnis der Bergetechniken, nicht zur Tragödie werden.

Spaltensturz halten

Bei einem Spaltensturz heißt es schnell und beherzt reagieren, damit der Stürzende nur wenig Fahrt aufnehmen kann! Man stemmt die Füße gespreizt nach vorne in den Schnee, lehnt sich mit dem Oberkörper zurück und verdichtet mit den Fersen den Schnee. Ist der Gestürzte einmal gehalten: Durchschnaufen – Position stabilisieren – nächste Schritte planen!

Mannschaftszug

... die schnellste und einfachste Möglichkeit, deinen Kameraden aus der Spalte zu befreien. Steckt er nur bis zum Oberkörper oder Kopf in der Spalte und kann selbst mithelfen? Dann reichen zwei bis drei Freunde, um ihn ziehend wieder an die Oberfläche zu befördern. Für die Bergung eines komplett Abgetauchten sollten sich mindestens drei kräftige »Zieher« an der Gletscheroberfläche befinden.

- Der Nächste zum Spaltenrand sichert sich mit einer Prusikschlinge am Seil. Er bindet sich aus und kann so gesichert zum Spaltenrand gehen. Er legt ein paar Stöcke oder einen Pickel quer zur Zugrichtung und ggf. mit Prusik gesichert unters Seil, um das Einschneiden zu verhindern.

Warnhinweis am Col de Grand Montets, Chamonix

Abhängen in der Spalte

Notfälle meistern

- Dort nimmt er Kontakt mit dem Gestürzten auf, klärt die weitere Vorgehensweise und gibt das Kommando zum Ziehen.

Lose Rolle

Die Anwendung der Lose-Rolle-Methode erfordert mehr Ausrüstung und Know-how, liefert dafür aber auch in schwierigen Situationen eine Lösung. Ist der Gestürzte in der Lage mitzuhelfen und ist der Retter kräftig genug? Dann bietet sie bereits für die Zweierseilschaft eine sinnvolle Technik. Der folgende Ablauf beschreibt die Anwendung in einer Dreierseilschaft.

- Nachdem der Sturz gehalten wurde, baut der Nächste zur Spalte (B) eine Verankerung (z.B. T-Anker, Eisschraube). Mit einem Verschlusskarabiner und einer kurz abgeknoteten Prusikschlinge übertragen die Retter vorsichtig die Last auf die Verankerung.

> **EXPERTENTIPP**
>
> Das Seil zum Gestürzten ist am Spaltenrand eingeschnitten. Das erschwert die Bergung auf dem »letzten Meter«. Bei zu kräftigem Zug von oben besteht außerdem erhebliche Verletzungsgefahr für den Gestürzten. Koordiniert und vorsichtig ziehen!

- Die Retter sichern sich mit langen Reepschnurschlingen, die jeweils unmittelbar nach dem Prusikknoten und in Armlänge mit einem Sackstich abgebunden werden. A und B können sich jetzt aus dem Seil ausbinden. Während B seine ursprüngliche Anseilschlaufe am Seil zusätzlich in die Verankerung hängt und sich auf den T-Anker stellt, nimmt A das Restseil vom Rucksack und bereitet die Seilrolle vor.

Seilschaft am Glacier des Rognons, Chamonix

Bergung aus der Spalte

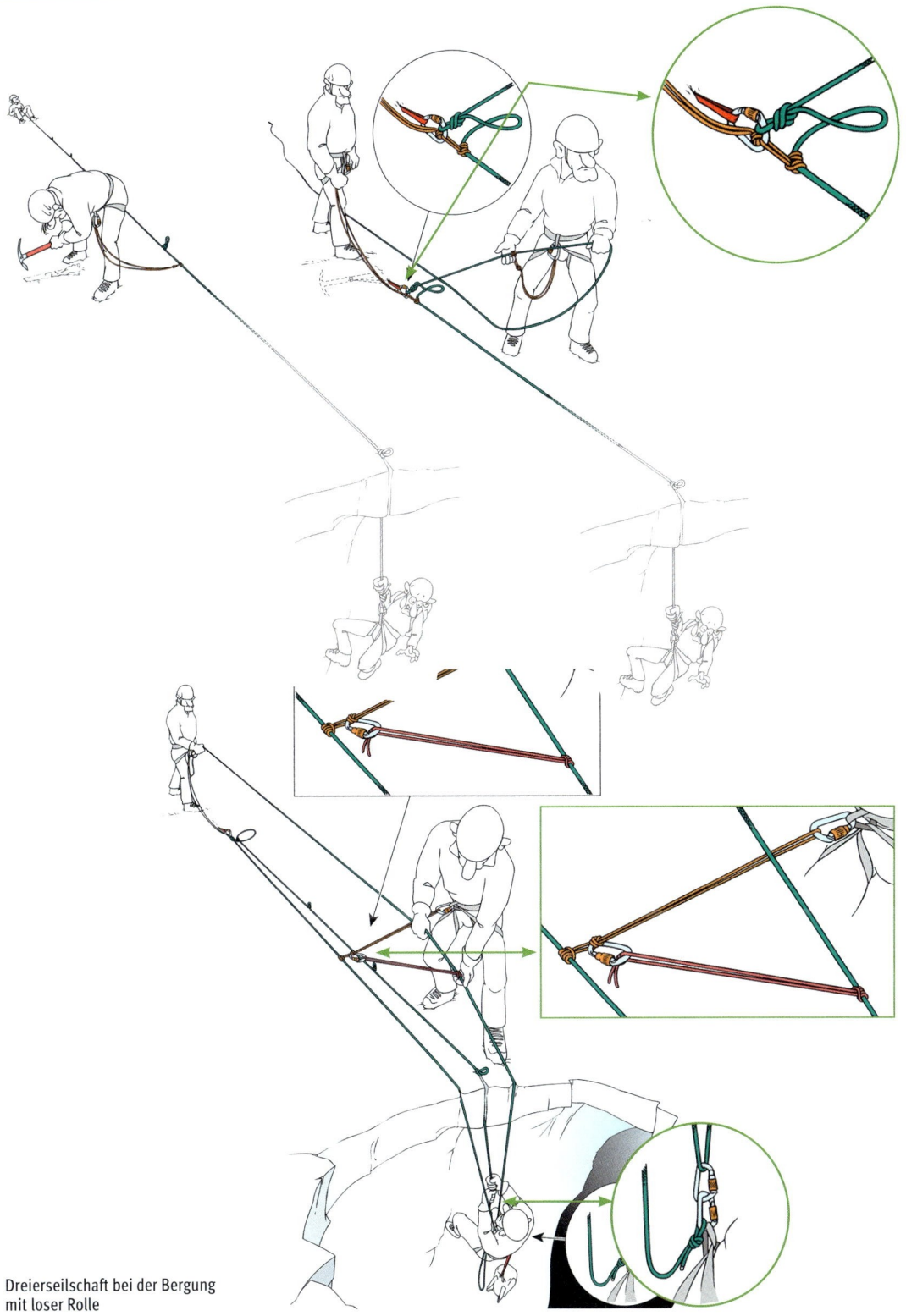

Dreierseilschaft bei der Bergung mit loser Rolle

155

Notfälle meistern

- Damit geht A, gesichert über die Reepschnur, zum Spaltenrand und nimmt mit dem Gestürzten Kontakt auf, bespricht die Vorgehensweise und lässt die lose Rolle mit einem Verschlusskarabiner zu ihm hinab.
- Der Gestürzte hängt die lose Rolle bei sich in den Anseilring. Bevor die eigentliche Bergung beginnt, muss das Zugseil gegen Rücklauf gesichert werden. Dazu fixiert A eine ca. 90 cm lange Reepschnur mit Prusikknoten am Zugseil und befestigt das andere Ende mit Sackstich und einem Verschlusskarabiner an der abgebundenen Selbstsicherungsschlinge. Je nach Schneesituation reduziert ein gesicherter Pickel das Einschneiden des Seiles.
- Der Gestürzte kann durch Zug am (richtigen!) Seil die Bergung unterstützen. Das Kommando gibt A, da er die Koordination der Rücklaufsperre übernimmt: Zug – Rücklaufsperre nach vorne schieben – umgreifen – Zug …

Selbstrettung

Sind die Freunde »draußen« nicht in der Lage eine Bergung durchzuführen? So kommt der Gestürzte trotzdem aus der Spalte:

1. Eine armlange Reepschnur mit Prusikknoten ins hinabhängende Seil knüpfen und kurz dahinter mit einem Sackstich abknoten. In die entstandene Schlaufe einen Schnappkarabiner einhängen. Die Enden der Reepschnur ebenfalls verknoten und mit einem Verschlusskarabiner in den Anseilring deines Gurtes hängen.
2. Unterhalb der ersten Reepschnur befestigst du die Steigschlinge – eben-

Mehrere Gletscherseilschaften unterwegs zum Hochlager des Huascarán.

falls mit einem Prusikknoten. Die Schlinge so abbinden, dass du deinen Fuß noch in die Schlinge stellen kannst. Je kürzer die Schlinge ist, desto schneller (aber auch anstrengender) ist der Aufstieg.

3. Die Schlinge mit einem Fuß so weit wie möglich nach oben schieben und mit Schwung und Zugunterstützung am Seil aufstehen. Die obere Prusikschlinge bis zum Anschlag nach oben verschieben und durch Hinsetzen belasten. Danach ist die Steigschlinge wieder dran ... Befinden sich auf dem Weg nach oben störende Bremsknoten im Seil? Dann benötigst du eine weitere Reepschnurschlinge, die über dem oder den Knoten eingebunden wird.

4. Der Spaltenrand lässt sich, trotz eingeschnittenem Seil, mit dem Selbstflaschenzug überwinden. Hierzu die Steigschlinge entfernen. Am Anseilring des Gurtes zwei gleiche Schnappkarabiner einhängen. In die knüpfst du mit dem losen Seil einen Gardaknoten (oder eine geschmeidigere Rücklaufsperre, wie z. B. die Micro-Traxion, siehe Kapitel »Ausrüstung«) und führst es dann nach oben durch den vorbereiteten Schnappkarabiner am Prusikknoten hindurch – fertig.

5. Der Aufstieg ist anstrengend und langsam – aber er ermöglicht dir, durch Abstützen mit den Füßen vom Spaltenrand das eingeschnittene Seil zu befreien. Mit gleichzeitigem Ziehen am Seil und Hochwuchten der Hüfte ge-

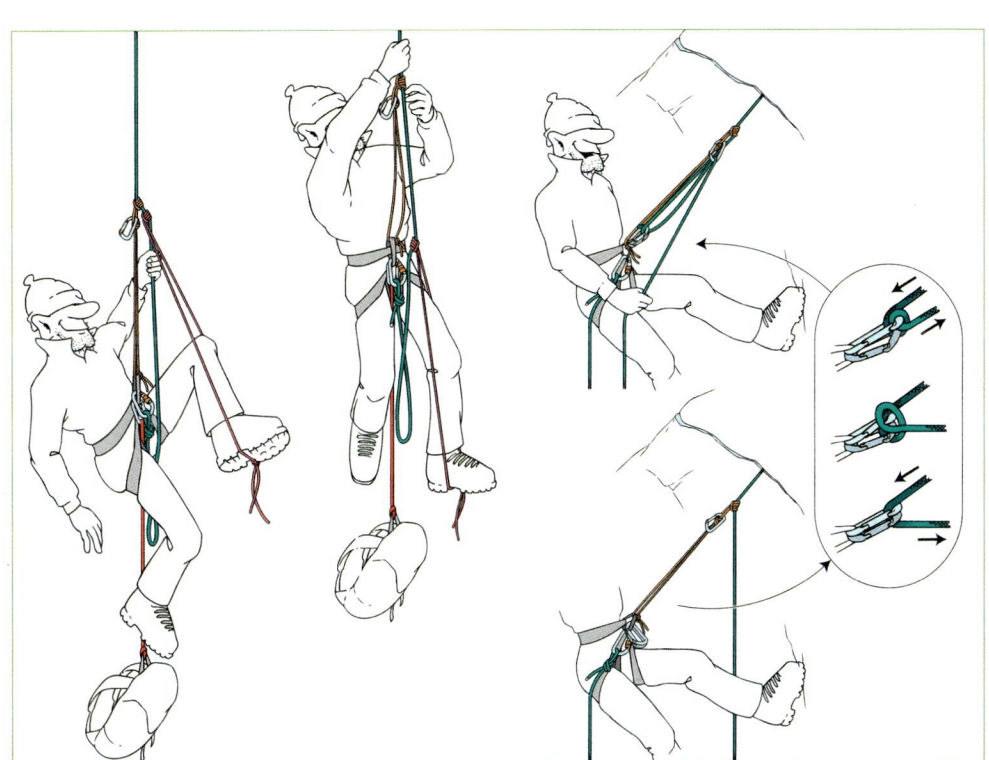

Selbstrettung mit Prusikschlinge und Selbstflaschenzug

Notfälle meistern

> **KURZ UND KNAPP**
>
> Karl Prusik erfand seinen Knoten 1931. Gibt's denn da nix Neues? Eine ganze Menge: T-Block, Ropeman, Micro Traxion und Co erleichtern die Spaltenbergung enorm. Um Gewicht zu sparen, bleiben sie aber auch meist zu Hause. Fein raus ist, wer dann die minimalistische Spaltenbergung im Fall des Falles beherrscht.

winnst du Höhe. Sobald du das Zugseil nachlässt, klemmt der Gardaknoten. Die Prusikschlinge kann weiter nach oben verschoben werden – das Ziehen und Wuchten geht weiter.

Biwak – sicher durch die Nacht

Biwakgeschichten sind der Seemannsgarn der Bergsteiger. Sie erzählen von knapp überlebten Nächten in der Kälte und wildromantischen Abenteuern unter freiem Sternenhimmel. Tatsächlich kann ein Biwak, geplant und mit guter Ausrüstung, ein unvergessliches Erlebnis werden. Ungeplant, schlecht ausgerüstet und in einem Sturmtief gefangen, geht es für die Bergsteiger hingegen schnell ums pure Überleben.

Geplantes Biwak

»Quick and dirty« oder »slow and clean«? Jedes Mal beim Packen die gleiche Frage: Brauche ich das wirklich? Mit Expeditionsschlafsack, Isomatte, Kocher und Feinkost wird jedes Biwak zum Genuss. Doch macht ein 18-kg-Rucksack tagsüber noch Spaß? Es gilt den besten Kompromiss zu finden.

- Wie steht es mit Höhe und erwarteten Temperaturen? Braucht man Zelt, Schlafsack, Isomatte oder nur den Biwaksack?
- Gibt es Wasser oder Schnee vor Ort? Sind Kocher und Topf nötig oder nur die Trinkflasche?
- Kann Ausrüstung deponiert werden? Dann darf es etwas mehr sein!
- Ist der Platz vor Wind und Niederschlag geschützt (Biwakschachtel, Felshöhle)?

Ziel jedes Biwakierenden ist es, sicher durch die Nacht zu kommen. Gelingt es dir, dich

Steffens Schlinge dient nicht dem Aufstieg, sondern einer bequemeren Warteposition.

Biwak – sicher durch die Nacht

Perfekter Biwakplatz am Zustieg zur Königspitze-Nordwand

dabei auch körperlich zu erholen – umso besser. Folgende Grundregeln helfen beim Suchen eines günstigen Biwakplatzes:
- Der Platz sollte Schutz vor Absturz, Stein- und Eisschlag und wenn möglich vor Niederschlag und Wind (Steine, Schneeblöcke, aufgespannter Biwaksack) bieten.
- Schneehöhlen sind etwas aufwendig zu bauen, bieten aber perfekten Schutz. Wechten und Windkolke sind besonders dazu geeignet. Der Eingang erfolgt von unten nach oben, damit die Kaltluft abfließen kann. Mit dem Pickel oder Skistock oben ein Lüftungsloch freihalten.
- In ebenem Gelände ein Schneeloch graben, das du mit dem Biwaksack, Schneeblöcken etc. abdeckst.
- Vor Bodenkälte schützen mithilfe von Isomatte, ausgelegtem Seil, Rucksack.
- Trockene und warme Kleidung anziehen; Mütze aufsetzen oder Kapuze über den Kopf ziehen.
- Nasse Klamotten als äußerste Schicht anziehen, nasse Schuhe in eine Plastiktüte packen, den Frühstückstee schon am Abend vorbereiten und in Thermoskanne umfüllen. Alles mit in den Schlafsack packen – so wird der nächste Morgen ein Genuss.
- Flüssigkeits- und Energiebedarf decken.
- Entspannen und Kräfte sammeln.

Notbiwak

Ein plötzlicher Wettersturz oder Unfall kann jeden erwischen! Deshalb:
- Minimalausrüstung mitnehmen (Biwaksack, Sitzmatte, Rettungsdecke, 2–3 Energieriegel, Mütze, Handschuhe, Wechselklamotten).
- Nicht bis zur absoluten Erschöpfung oder Dunkelheit gehen. Rechtzeitig einen Biwakplatz suchen und herrichten!
- Improvisieren, zusammenrücken, wärmen und durchhalten!

Ines Papert beim Eiskletter-Training im überhängenden Gletschereis

Wasserfall- und Mixedklettern

Eisklettern

Eisklettern ist wohl die archaischste Spielform des Bergsports. Du hältst dich in einer kalten, schattigen Rinne auf, bist von Lawinen und herabstürzendem Eis bedroht und gehst mit einer Ausrüstung ans Werk, um die dich die römischen Gladiatoren beneidet hätten. Es bietet einzigartige Natur- und Bewegungserlebnisse. Röhrenförmige Zapfen, zerbrechliche Säulen, blumenkohlartige Formationen oder massive Eisvorhänge sehen nicht nur fantastisch aus – sie ermöglichen ein Hochkommen an Stellen, die im Sommer unmöglich sind. Das Klettern an gefrorenen Wasserfällen erfordert nicht nur Kraft, sondern vor allem eine ausgefeilte Technik, gutes Bewegungsgefühl und eine stabile Psyche.

Die Materie Eis

Herabstürzende Eisteile und zusammenbrechende Eisfälle sind neben dem selbst verschuldeten Sturz der größte Risikofaktor beim Eisklettern. Die Entstehung von Wasserfalleis hängt nicht nur von fließendem Wasser und niedrigen Temperaturen ab. Auch die Oberfläche des Untergrundes, die Luftfeuchtigkeit, Windeinfluss, Wassermenge und Exposition bestimmen das Zustandekommen und die Qualität der Eisfälle. Das macht die Einschätzung der Eisstabilität, selbst für Profis, zu einem schwierigen Unterfangen. Die Materie ist zu komplex für allgemeingültige »Beurteilungsrezepte«. Viel Erfahrung und vorsichtiges Verhalten sind nötig, um Unfälle zu vermeiden. Generell gilt:

In den »Hängenden Gärten«, Lüsens (Stubaier Alpen)

Eisgebilde im Pragsertal, Dolomiten

- Je steiler der Eisfall ist und je weniger Masse auf dem Untergrund aufliegt (bei freihängenden Vorhängen, Säulen und dünnen Eisauflagen), desto kritischer ist die Stabilität zu beurteilen.
- Deutliche Temperaturerhöhungen und -verminderungen führen zu einem Stabilitätsverlust im Eis. Bei extrem niedrigen Temperaturen wird es oft spröde. Größere Eisteile können dann beim Einschlagen der Eisgeräte absplittern.
- Luft- und Schneeeinschlüsse im Eis sind nicht nur schwieriger zu klettern, sondern verringern auch die Eisstabilität deutlich.
- Stürze sollten beim Wasserfallklettern generell vermieden werden. Richtig gesetzte Eisschrauben bieten in gutem Eis zwar verlässliche Sicherungspunkte (siehe Kapitel »Sicherungspraxis«), die Verletzungsgefahr durch unkontrolliert fliegende Eisgeräte oder sich verhängende Steigeisenzacken ist jedoch enorm groß.

Bewertung der Schwierigkeiten

Für die Bewertung klassischer Eisfälle hat sich die WI-Skala (Water Ice) durchgesetzt. Die Eisbeschaffenheit in Wasserfällen ist jedoch variabel und hängt von der Witterungsentwicklung während der Eisbildung und den aktuellen Verhältnissen ab. Je nach Zustand kann der Schwierigkeitsgrad dann ein bis zwei Grade abweichen. Die Felsschwierigkeiten in Mixedrouten werden zusätzlich mit der M-Skala (derzeit bis M12) bewertet. Hier sind die Anforderungen in

Wasserfall- und Mixedklettern

WI 3	60–75° steil, kompakt mit kurzen senkrechten Passagen, gut absicherbar
WI 4	anhaltend 75–80° steil, mit kurzen senkrechten Passagen, gut absicherbar
WI 5	anhaltend solides, aber senkrechtes Eis, kurze Passagen mit schlechtem Eis, akzeptable Absicherung möglich
WI 6	permanent 90° steil, überhängende Passagen, schlechtes Eis mit zum Teil unsicheren Zwischensicherungsmöglichkeiten
WI 7	anspruchsvolles Röhreneis, filigrane Eisvorhänge und freihängende Zapfen, kaum verlässliche Zwischensicherungen

etwa mit den klassischen UIAA-Graden beim Felsklettern vergleichbar (M7 entspricht etwa UIAA VII-).

Spezielle Klettertechniken für gefrorene Wasserfälle

Die Grundtechnik des Wasserfallkletterns ist identisch mit der Klettertechnik im steilen Eis (siehe Kapitel »Gehen, Steigen, Klettern«). Senkrechtes Eis fühlt sich bereits überhängend an, da die Körperhaltung uns vom Eis wegzwingt. Voraussetzung, um ein Steigeisen oder ein Eisgerät zum Weiterklettern neu platzieren zu können, ist, dass der Körper im Gleichgewicht ist und die verbleibenden Haltepunkte das gesamte Gewicht halten. Das ist mitunter recht kräftezehrend. Es gilt, kreativ und effizient alle Möglichkeiten der Kraftersparnis und Entspannung auszuschöpfen. Viele Bewegungstechniken des Felskletterns können wir direkt auf das Eisklettern übertragen, denn auch hier müssen die Arme so weit es geht entlastet werden.

Spreizen und stemmen

Selten sind Eisfälle plan und ebenmäßig. In der Regel entstehen beim Gefrieren Furchen, Rinnen, Mulden, Wülste, kleine Verschneidungen und kaminartige Strukturen. Durch Ausspreizen eines oder beider Beine können wir Haltepunkte an natürlichen Elementen nutzen. So lässt sich besserer Halt finden und der Körperschwerpunkt verlagert sich näher zum Eis. Mit den Händen an geeigneten Strukturen zu stemmen, spart enorm viel Armkraft. Dazu kannst du entweder die bloße

Spreizen und Stemmen funktioniert auch im Wasserfall.

Spezielle Klettertechniken für gefrorene Wasserfälle

Ein »Ägypter« im Eis ...

Durch das Eindrehen des Oberkörpers verlagert sich der Körperschwerpunkt näher zum Eis.

Hand nutzen oder das Eisgerät als Stützpickel verwenden. Um die Hand freizubekommen, musst du das Eisgerät oberhalb im Eis verankern oder über der gegenüberliegenden Schulter »parken«.

Eindrehen

Je näher sich unser Körperschwerpunkt im steilen Gelände am Eis befindet, desto weniger Haltekraft müssen wir mit den Armen aufwenden. Eine effektive Technik dazu ist das Eindrehen des Oberkörpers. Beim Hochtreten in der Dreiecksposition dreht sich der Oberkörper so ein, dass sich die Schulter des Haltearms vom Eis weg und die andere zum Eis hin bewegt. Zwei Dinge solltest du dabei beachten:

- Mit eingedrehtem Oberkörper ist es schwieriger, das Eisgerät neu zu platzieren, da weniger Bewegungsfreiheit zum Ausholen und Schlagen besteht. Diese Technik ist deshalb vor allem in Strukturen mit guten Hooks (Eisschraubenlöcher, bereits vorhandene Einschlaglöcher etc.) geeignet, an denen die Haue ohne Kraftaufwand »eingehängt« werden kann.
- Achte auf deine Steigeisen! Die Füße dürfen sich keinesfalls mitdrehen, sonst besteht die Gefahr, dass sich die Frontalzacken vom Eis lösen.

Rastpositionen

Längere steile Passagen erfordern planvolles, vorausschauendes Klettern. Wo sind geeignete Stellen für das Setzen von Eisschrauben? Welche Strecken gilt es zügig zu überwinden, weil ohnehin keine Rastmöglichkeit besteht? Wenn du eine »freie« Begehung planst, solltest du jede mögliche Rastposition konsequent nutzen, um deine Kräfte zu schonen.

- **Einbeiniges Abhocken**: Einen Fuß auf einen möglichst ebenen Vorsprung setzen,

dann das Bein beugen, bis du mit dem Gesäß (fast) auf der Ferse absitzt. Dabei das Becken so weit wie möglich Richtung Eis verschieben. Das andere Bein sowie der Haltearm stabilisieren gestreckt das Gleichgewicht.
- **Froschstellung**: Wird auch das zweite Bein abgehockt, sieht das nicht nur froschig aus, sondern heißt auch so. Es ist vor allem an Säulen und konvexen Strukturen entlastend und effektiv.
- **»Ägypter«**: In Verschneidungen und kaminartigen Strukturen kannst du den Oberkörper eindrehen und das dem Haltearm gegenüberliegende Knie beugen. Mit dem nach hinten abgewinkelten Fuß kannst du abstützen und so Gegendruck aufbauen.
- **Bein- und Fersenhooks**: Ob mit oder ohne Fersendorn: Das Einhängen des Beins an einer Säule oder einem Vorsprung stabilisiert das Gleichgewicht. Auch hier kann man über Körperspannung Gegendruck aufbauen.

Seit- und Unterzüge

Oft ist eine solide Verankerung des Eisgeräts über Kopf nicht möglich oder sinnvoll - etwa wenn es gilt, eine Unterbrechung im Eis zu überwinden oder wenn der Weiterweg nicht nach oben sondern seitwärts führt. Das Eisgerät auf Zug zur Seite oder gar nach oben zu hooken stabilisiert das Gleichgewicht und verschafft oft eine erstaunliche Reichweite mit dem anderen Arm.

Überkreuzzüge

Vor allem in Querungen ist das Überkreuzsetzen der Eisgeräte oder Steigeisen eine effektive Technik zur Fortbewegung. Das Überkreuzeinschlagen der Geräte erfordert allerdings eine gute Koordination und viel Übung. Diese Methode bietet sich besonders bei vorhandenen Hooks an.

Überkreuzzug in einer Querung

Ein Gerät wird während des Handwechsels über der Schulter »geparkt«.

EXPERTENTIPP INES PAPERT

› Beim Einstieg ins Wasserfall-Eisklettern mit Routen beginnen, die dir zu einfach erscheinen – nur so kannst du Routine im Umgang mit den Eisschrauben bekommen. Fersen nie zu hoch, sondern eher auf gleicher Höhe wie den Vorderfuß halten – das machen Kletterer, die vom Fels kommen, im Eis oft falsch.

› Sich die geplante Kletterlinie vorher genau anschauen und einprägen, vorausschauend und bei langen Routen besonders kraftschonend klettern. Ich empfehle, ohne Handschlaufen zu klettern. Das hat einen höheren sportlichen Wert und spart Zeit. Außerdem kann man in steileren Routen flexibler mit den Eisgeräten agieren.

› Kraftsparend klettern heißt: Beide Füße in optimalem Abstand zu den Händen setzen, sodass man nie überstreckt ist, aber auch nie zu sehr eingefahren. So kann man den Körper immer direkt zur Wand bringen.

› Das Höhergreifen am Schaft empfehle ich nur, wenn das Eisgerät einen wirklich guten und tiefen Halt im Eis hat. Sonst besteht die Gefahr, dass es herausbricht.

› Beim Schlagen ins Eis immer konkave Stellen wählen, weil dort das Eis nicht so leicht abspringt. Gezielt und nicht zu oft schlagen. Meistens genügen 1–2 Schläge. Dann das Eisgerät gerade nach unten belasten – sonst poppt es.

› Vor schwierigen Passagen eine Eisschraube in solidem Eis platzieren, danach zügig weiterklettern.

› Ich verwende ausschließlich Monozacken an den Steigeisen. Dadurch bin ich flexibler und kann auch mal das Bein etwas drehen, ohne dass der Fuß »kommt«. Es sind ja noch die hinteren Frontzacken da, die auch Stabilität geben.

› Wenn ich Eisschrauben setze, habe ich beide Füße in optimaler Position, und der Arm, der sich am Eisgerät festhält, ist ausgestreckt über mir. Die Schraube drehe ich auf Hüfthöhe ein, meistens mit meiner Lieblingshand rechts. Nie »am Anschlag« Schrauben setzen. Man sollte gut und entspannt stehen.

› Stürze ins Eis sind eigentlich nicht erlaubt, da die Verletzungsgefahr wegen der Steigeisen und Eisgeräte groß ist. Also immer vorausschauend klettern und notfalls eine Schraube setzen und rasten.

Gerätewechsel

Eine gute Alternative zu Überkreuzzügen ist ein Handwechsel am belasteten Eisgerät. Da ein solcher Wechsel mit Handschlaufen mehr Aufwand als Vorteile bringt, bietet er sich allerdings nur beim handschlaufenfreien Klettern an. Viele moderne Steileisgeräte ermöglichen mehrere Griffpositionen, die für den Wechsel genutzt werden können. Für das »Verstauen« des freien Eisgerätes während des Wechsels gibt es verschiedene Varianten: über die Schulter hängen, die Haue zwischen Daumen und Griff des anderen Geräts stecken, im Eis verankern etc.

Mixedklettern

Freihängende Eiszapfen, die einige Meter über dem Boden enden, sind nur über ein Anklettern im Fels zu erreichen. Was anfangs die pure Notwendigkeit war, um interessante Eisgebilde zu erreichen, hat sich heute zu einer eigenständigen Disziplin entwickelt. Zu Recht umstritten und fragwürdig: Einige Kletterer verzichten beim »Mixedklettern« gänzlich auf Eis in der Route. Fortbewegung mithilfe der Eisgeräte und Steigeisen im Fels (Drytooling) ist mehr als eine Kombination aus Eis- und Felsklettern. Zu den aus Fels und Eis

Eine mit Fixseil versicherte Felspassage beim Abstieg vom Himlung Himal 7126 m.

Wasserfall- und Mixedklettern

Ines Papert beim Mixedklettern in Norwegen, 2012

bekannten Bewegungstechniken kommen völlig neue hinzu. Viel Erfahrung und Kreativität sind nötig, um Haltepunkte im Fels für Steigeisen und Eisgeräte zu finden und sie mit geschmeidigen Bewegungen zu verbinden. Handschlaufen erhöhen beim Mixedklettern das Verletzungsrisiko und behindern das freie Klettern. Bis auf die Haue sollten alle scharfen Teile (Schaufel, Dorn) entfernt oder abgeklebt werden. Der Einstieg ins Mixedklettern sollte unbedingt über gut gesicherte Toprope-Routen erfolgen, um langsam und sicher Erfahrungen sammeln zu können.

Drytool-Techniken

So ungewohnt es beim ersten Mal auch ist, mit Steigeisen und Eisgeräten den Fels »zu bearbeiten« – mit der Zeit wirst du feststellen, dass die Eisgeräte Halt an Stellen bieten, die mit bloßen Händen nicht kletterbar sind. Deshalb gilt es, die Haltepunkte (Placements) zu finden und zu beurteilen.

Risse bieten eine ganze Reihe an Möglichkeiten, das Gerät zu verklemmen. In schmalen Rissen (bis ca. 3 cm) klemmt die Haue, indem du sie im Riss verdrehst. Dazu am Schaft seitwärts ziehen. Bei breiteren Rissen steckst du den Gerätekopf oder den Schaft in den Riss und stellst durch Hebeln die Klemmwirkung her. Selbst Klemmer mit beiden Hauen/Geräten im Riss sind möglich. Voraussetzung ist, dass die Körperposition

Mixedklettern in den Dolomiten

Mixedklettern

Die Hauenspitze ist in einem schmalen Riss verklemmt.

Der komplette Gerätekopf klemmt in einem breiteren Riss.

Wasserfall- und Mixedklettern

Selbst an filigranen Leisten kann mit der Hauenspitze »gehookt« werden.

nach dem Zug ein gleichzeitiges Lösen beider Geräte sturzfrei zulässt.

Rissverschneidungen und kleine Dächer liefern oft gute Placements, wenn du die Hauenspitze im Riss oder auf einer Kante platzierst und am Schaft ziehst, bis der Gerätekopf am Fels ansteht und die Klemmwirkung herstellt.

Löcher, Leisten (Hooks) und horizontale Risse bieten den besten Halt, wenn die Hauenspitze an der ausgeprägtesten Stelle angesetzt wird. Entscheidend sind dann die Belastungsrichtung (möglichst senkrecht vom Hook weg) und ein konstanter Zug auf das Gerät. Selbst kleine Bewegungen oder ruckartige Belastungen können zum Abrutschen der Hauenspitze führen.

In einer Rissverschneidung lässt sich der Gerätekopf gegen die Haue verklemmen.

Mixedklettern

Steigeisen am Fels erfordern präzises Setzen und Belasten. Grundsätzlich kann (wie beim Felsklettern) frontal oder seitlich angetreten werden. Im steilen Gelände ermöglicht seitliches Antreten die bessere Schwerpunktverlagerung des Körpers zum Fels hin. Die meisten Mixedkletterer bevorzugen Monozacken, da damit auch kleine Löcher und Risse angetreten werden können. Entscheidend ist, dass einmal gesetzte Steigeisen gleichmäßig belastet und in ihrer Position nicht mehr verändert werden.

Figure Four ist eine recht spezielle Technik, die an Dächern und in stark überhängendem Gelände sowohl im Fels wie auch im Eis zum Einsatz kommt. Der Körperschwerpunkt nähert sich dabei sehr dem belasteten Eisgerät, was zu einer größeren Reichweite mit dem zweiten Eisgerät und einer stabilen Körperposition führt. Das gesamte Körpergewicht hängt kurzzeitig frei an einer Hand und einem Eisgerät.

- Während beide Eisgeräte (mindestens schulterbreit auseinander) verankert sind, mit den Füßen in Richtung Hände gehen.
- Dann (vorsichtig wegen der Steigeisenzacken!) ein Bein diagonal (linker Fuß – rechter Arm, und umgekehrt) über die Armbeuge legen. Durch gleichzeitiges Anspannen der Rumpfmuskulatur und ein »Anziehen« mit dem überkreuzten Bein wird die Position stabilisiert.
- Nach dem Lösen und Weitersetzen des freien Eisgeräts das untere Eisgerät entlasten. Jetzt kann die Figure Four entweder durch ein »Zurückfädeln« des überkreuzten Beines oder durch Loslassen der Hand am unteren Eisgerät aufgelöst werden.

Viele hilfreiche Tipps und Hinweise für das Klettern im Fels findest du in dem Outdoor-Praxis-Band.

Ines Papert: Figure Four

EXPERTENTIPP INES PAPERT

› Ich trainiere ab dem Spätherbst mit meinen Eisgeräten, beim Drytooling am Fels (in dafür vorgesehenen Routen!) oder indoor an eigens geschraubten Kunstgriffen. Im Trockentraining benutze ich meine normalen Mixed-Eisgeräte und Turnschuhe.

› Bitte in normalen Klettergärten, die nicht fürs Eisklettern gedacht sind, nie mit Eisgeräten trainieren!

› Klimmzüge an den Eisgeräten haben sich auch sehr bewährt, vor allem im Intervalltraining, beispielsweise 20 x 5 am Stück mit kurzen Pausen. Aber nicht schummeln, Klimmzüge fangen ganz unten an und hören bei maximaler Beugung der Ellenbogen auf.

Wasserfall- und Mixedklettern

Strategie im Wasserfall

Wintertage sind kurz, die schönsten Wasserfälle befinden sich in schwer zugänglichen Schluchten und das Gewicht der Ausrüstung ist enorm. Dennoch gehören die Klettertage an Eisfällen zu den faszinierendsten Erlebnissen des Winters. Um diese in vollem Umfang genießen zu können, bedarf es zu Hause guter Planung und Vorbereitung und unterwegs einer ausgefeilten Taktik.

Materialauswahl

Seile zum Eisklettern müssen zwingend imprägniert sein. Beim Eisklettern ist es normal, dass man auch auf fließendes Wasser stößt. Das führt, ohne eine ordentliche »Dry«-Ausstattung, zur kompletten Vereisung der Seile. Halb- oder Zwillingsseile bieten höhere Sicherheitsreserven und zudem längere Abseildistanzen als Einfachseile.

Die Wahl der **Eisgeräte** hängt vom geplanten Einsatzgebiet und der persönlichen Neigung ab. Klassische Eisgeräte (mit Hammer/Schaufel und Dorn) sind auch für den Gebrauch in alpinen Eistouren und mit Handschlaufen geeignet. Moderne Extremeisgeräte sind für die Nutzung ohne Handschlaufen ausgelegt und verzichten meist auf Dorn und Hammer. Dafür bieten sie unterschiedliche Griffpositionen, was in sehr steilem und Mixedgelände vorteilhaft ist. Darüber hinaus spielen Gewichtsverteilung, Material und Geometrie eine wichtige Rolle. Die einzige Möglichkeit, herauszufinden, welches Gerät »gut in der Hand liegt«, ist das Ausprobieren im richtigen Eis.

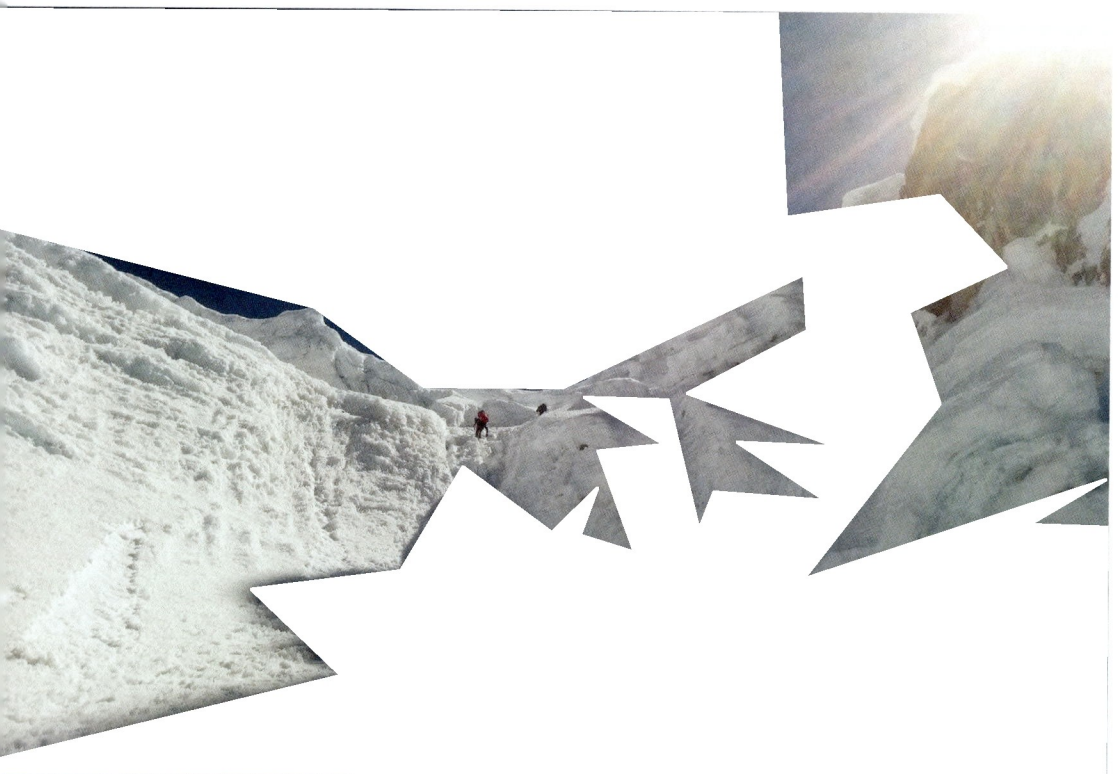

Eisklettern am Fixseil

Bei den **Steigeisen** ist die Spezialisierung ähnlich weit vorangeschritten. Für das Mixedklettern haben sich leichte Monopoints (ein senkrecht stehender Frontalzacken) durchgesetzt. Mit ihnen lässt sich in Felsstrukturen am leichtesten Halt finden. Steigeisen mit horizontal stehenden Frontalzacken sind vielseitig einsetzbar, jedoch im steilen Eis nicht ganz so »aggressiv« wie vertikal stehende Zacken.

Handschuhe und Kleidung haben beim Wasserfallklettern schier unvereinbare Gegensätze zu meistern: Sie sollen maximale Beweglichkeit bieten, warm und trocken halten (auch bei fließendem Wasser und zweistelligen Minusgraden) und nach schweißtreibender Anstrengung sofort wieder trocken sein! Wir haben das mit einer einzigen Ausstattung noch nie hinbekommen. Wer den Schmerz kennt, wenn die eiskalten Hände wieder »auftauen«, weiß, was wirklich warme Ersatzhandschuhe zum Sichern am Standplatz wert sind. Feinfühliges Klettern funktioniert dagegen nur mit dünnen Handschuhen, die durch Schweiß von innen und Wasser von außen aber fast immer nass werden. Auch ein dünnes Paar Ersatzhandschuhe dabeizuhaben ist also kein Luxus. Bei besonders niedrigen Temperaturen hängen wir uns für die bewegungsarme Zeit am Standplatz eine klein verpackbare Daunenjacke an den Gurt – dann darf der Nachsteiger auch gern ein bisschen länger brauchen. Wenn der Wasserfall nicht trieft und das Wetter es zulässt, ziehen wir lieber Kleidung aus modernen Softshell-Materialien an. Diese bietet viel Bewegungsfreiheit und ist atmungsaktiver als Goretex® und Co.

Wir klettern am liebsten ohne Rucksack, haben deshalb immer ein kleines **Erste-Hilfe-Set** am Gurt hängen. Kleine (und leider recht häufige) Verletzungen durch Eisschlag lassen sich so schnell versorgen.

Im oberen Teil der »Franzosenroute« am Alpamayo

Planung und Taktik beim Wasserfallklettern

Bevor es an das gefrorene Nass geht, gilt es alle relevanten Einfluss- und Risikofaktoren für das Vorhaben (Wetterentwicklung, Orientierung, aktuelle Verhältnisse, persönliches Können etc.) zu berücksichtigen.

Zu- und Abstieg

Der Zustieg wird je nach Länge und Verhältnissen mit den Eiskletterschuhen, Schneeschuhen oder Tourenskiern bewältigt. Bei geringer Schneelage und schnell erreichbaren, häufig besuchten Wasserfällen (ausgetrampelte Pfade) ist es angemessen, ohne Extragerät an den Schuhen unterwegs zu sein. Stöcke erleichtern das Laufen. Lange Zustiege bringen wir gerne mit Tourenskiern hinter uns. Nicht nur weil Skifahren die eleganteste Fortbewegung im Schnee ist,

Billi Bierling im Khumbu-Eisbruch, Nepal

sondern weil wir so nach dem Klettern als Erste Apfelstrudel und Kaffee genießen. Ein Nachteil ist, dass sich das Rucksackgewicht durch die extra zu tragenden Eiskletterschuhe deutlich erhöht. Zwei Lösungen dafür:
- Mit den Skitourenstiefeln klettern (nur in leichten Wasserfällen sinnvoll, da die Beweglichkeit sehr eingeschränkt ist)
- Mit den Bergschuhen in der Bindung aufsteigen und abfahren (ist mit modernen Pin-Bindungen leider nicht möglich)

Für Nichtskifahrer und Zustiege durch steile, enge Passagen (Wälder, Bachläufe, Rinnen etc.) bieten sich Schneeschuhe als gute, leichte und preisgünstige Alternative an.

Lawinensituation

Die Rahmenbedingungen für Lawinenabgänge sind beim Eisklettern nahezu »optimal«. Wir befinden uns in steilen, schneebedeckten, meist nordseitigen schattigen Rinnen. Dazu befindet sich oberhalb der Wasserfälle häufig ein Einzugsbereich für potenziell mächtige Lawinenabgänge. Für Eiskletterer gelten deshalb folgende Spielregeln:
- Komplette Lawinen-Notfallausrüstung im Zu- und Abstieg (in kritischen Lawinensituationen auch während des Kletterns) benutzen
- Berücksichtigung des Lawinenlageberichts
- Intensive Auseinandersetzung mit der Materie (Outdoor-Praxis »Lawinenkunde«, Lawinenkurse)

Beim Klettern

Das Klettern ohne Handschlaufen ist zweifelsfrei die sportlichere Variante. Für uns überwiegen auch die Vorteile beim Setzen von Eisschrauben und dem Klettern ohne »Anbindung« an das Gerät. Nachdem ich mich in der dritten Seillänge des »Mordor« (Anlauftal, Gastein) jedoch unfreiwillig von einem Gerät (und damit der Durchsteigung) verabschieden musste, kommen jetzt in Mehrseillängenrouten Fangleinen zum Einsatz.

»Ordnung ist das halbe Leben« – das gilt besonders fürs Eisklettern. Eine zweckmäßige Verteilung des Materials am Gurt hilft, Zeit und Kraft zu sparen. Expressschlingen und Eisschrauben gehören an die vorderen Materialschlaufen, sonstiges Material (kurze Eisschrauben, Eissanduhrfädler, Schlingen, Abseilgerät etc.) an die hinteren. Für die Eisschrauben gibt es unterschiedliche »Klipper« und Köcher, die, am Gurt befestigt, das einhändige Entnehmen der Schrauben erleichtern.

Für das Klettern im Vorstieg gilt: Die erste Zwischensicherung ist kurz nach dem Losklettern zu setzen, um einen Sturz in den Standplatz zu vermeiden. Grundsätzlich sollte der Abstand der Zwischensicherungen nicht zu groß sein, um die potenzielle Sturzhöhe gering zu halten. Immer sollte man kurz vor schweren und schlecht absicherbaren Passagen eine Eisschraube setzen. Die Kletterlinie sollte seitlich versetzt zum Standplatz gewählt werden, damit der Sicherer vom Eisschlag verschont bleibt.

Abseilen

Wenn das Gelände es zulässt, ist der schnellste Abstieg nach dem Klettern oft der zu Fuß. Wenn abgeseilt wird, muss das entsprechende Material (Schlingen für Eissanduhren, Eissanduhrfädler, evtl. Felshaken) zur Hand sein. Bereits vorhandene Eissanduhren solltest du genau prüfen – eventuell ist die Schlinge beschädigt oder die Eissanduhr durch Schmelzung nicht mehr ausreichend stabil. Wir hintersichern die Eissanduhr immer mit einer Eisschraube, während der Erste (schwerere) Kletterer abseilt. Hat die Eissanduhr diesen Vorgang gut überstanden, sollte sie für den zweiten Durchgang (dann ohne Hintersicherung) ausreichend stabil sein.

Im Winter 2018 herrschten hervorragende Verhältnisse zum Eisklettern. Das Bild wurde am 20.3. (!) auf 1300 m (!) am Urner Boden/Schweiz aufgenommen.

Wenige Meter vor dem Gipfel des Großvenedigers (siehe S. 184–187)

Beispieltouren

Hochtour »live«

In diesem Kapitel werden mehrere Beispieltouren ausführlich vorgestellt, die unterschiedliches Können fordern. Diese sollen daher nicht nur Vorlage für eigene Tourenplanung sein, sondern auch Orientierung bieten, das eigene Können einzuschätzen. Die ausgewählten Touren decken unterschiedliche Gebiete im Alpenraum ab. Wir wollen zeigen, wie eine Hochtour »live« von der Planung bis zu Auf- und Abstieg ablaufen kann.

Similaun, 3599 m – Normalweg von Westen über das Niederjoch (Similaunhütte)

Schwierigkeitsbewertung L – leicht

Sommer 2008. Schwitzend stapfe ich zur Martin-Busch-Hütte, wo ich mit drei Geschwistern verabredet bin. Mein Rucksack ist ungewöhnlich schwer, weil ich für alle Steigeisen und Pickel dabeihabe; das verteile ich normalerweise im Tal, doch hier ist nichts normal – die Geschwister sind weder freiwillig hier, noch haben sie leichtes Gepäck, denn sie tragen die Urne mit der Asche ihrer Mutter… Diese soll, dem letzten Willen entsprechend, am Similaun verstreut werden.

Die konditionelle Anforderung der Tour kann frei gewählt werden: Entweder man geht von Vent, 1908 m (1691 Höhenmeter zum Gipfel) oder von der Martin-Busch-Hütte, 2501 m (1098 Hm) oder eben von der Similaunhütte am Niederjoch auf 3017 m (freundliche 582 Hm). Die Tour ist ab dem Niederjoch beschrieben, bis hierher ist es ein markierter Wanderweg, der auch eine Etappe des berühmten Fernwanderwegs von Oberstdorf nach Meran darstellt. Westlich der Hütte erreicht man in weniger als einer Stunde die Stelle in der Nähe des Hauslabjochs, wo der »Ötzi« gefunden wurde – ggf. ein willkommenes Kulturprogramm zur Akklimatisation.

Zeitplan

1. Tag: Anreise nach Vent und Aufstieg zur Similaunhütte, 3,5 Stunden
2. Tag: 8.00 Uhr Abmarsch Similaunhütte – 8.30 Niederjochferner – 9.30 Gipfelgrat – 10.30 Gipfel – 12.00 Uhr Niederjoch – ggf. 13.30 Martin-Busch-Hütte

Technische Ausrüstung

Pro Person: Gletscherpickel lang und gerade, Steigeisen für Gletschertrekking, Hüftgurt, 2 Verschlusskarabiner, 2 Prusikschlingen (2,5 und 4 m, je 6 mm), 2 Normalkarabiner, eine Bandschlinge 120 cm, eine Eisschraube. Gemeinsame Ausrüstung: 1 Biwaksack, 1 Erste-Hilfe-Set, 1 Halbseil 50 m, AV-Karte 30/2 Weißkugel und Kompass-Karte Meraner Höhenweg (der Gipfelbereich ist auf der AV-Karte leider nicht mehr drauf), Kompass, Höhenmesser, 2 Handys.

Blick durch das Niedertal, in dem die Martin-Busch-Hütte liegt, auf den Similaun

Similaun, 3599 m – Normalweg von Westen über das Niederjoch (Similaunhütte)

Aufstieg zum Grat. Der Bergschrund unter der Seilschaft ist eingeschneit, aber noch deutlich zu erkennen

Beispieltouren

Blick vom Niederjoch auf den Similaun

Unterwegs

Der Aufstieg von Vent zur Similaunhütte erfolgt in recht großer Höhe und ist sehr steil. Es empfiehlt sich, großzügig Zeit dafür einzuplanen, um auch hier in der Akklimatisationsphase nicht zu schnell gehen zu müssen. Manche fahren auch mit dem Mountainbike bis zur Martin-Busch-Hütte, was dann besonders nach der Tour im Abstieg erfreut.

Nach zünftigem Frühstück – geografisch wie kulinarisch ist die Similaunhütte bereits knapp in Südtirol! – brechen wir um 8 Uhr in vollem Tageslicht auf. Wir erreichen bald über loses Blockwerk südlich leicht absteigend die Gletscherzunge des Niederjochferners, der durchaus noch spaltenreich ist. Insofern sollte man bei großer Wärme und ausbleibendem Nachtfrost trotz der relativ kurzen Tour auch entsprechend früher aufbrechen. Wir seilen uns an und der erste Steilaufschwung des Gletschers wird rechts umgangen. Nun gibt es zwei Varianten: Entweder weiter über den Gletscher bis zum Gipfelaufbau oder auf den

Punkt 3364 m zu, wo der Gipfelgrat beginnt. Ersteres ist spaltenreicher, dafür aber weniger ausgesetzt. Wir haben uns für den Grat entschieden. Der Grat ist mal so breit wie ein Tennisplatz und mal schmaler, jedoch immer Gehgelände. Wanderstöcke sind hier eher hilfreich als der Pickel, da man ihn kaum auf den Boden bringt. Am Grat empfiehlt es sich

Die Firnschneide auf den letzten Metern ist zwar scharf, die Hänge unterhalb sind aber nur mäßig steil.

für schwindelfreie, gleich starke Seilpartner, seilfrei zu gehen. Das Gelände ist leicht und Spalten gibt es dort nicht (falls sich dies in den letzten Jahren geändert haben sollte, müsste man selbstredend anseilen). Heterogene Seilschaften mit einer/einem Erfahrenen sollten mit Sprungseil gehen. Erst der letzte Abschnitt des Grates zum breiten Gipfelplateau mit Kreuz ist etwas schärfer, hier heißt es noch mal, sich besonders zu konzentrieren. Der Abstieg erfolgt auf der Aufstiegsroute. Möchte man eine kleine Rundtour machen, sollte man die Gletscherroute für den Aufstieg wählen, da dort ja die Mitreißgefahr bei einem Spaltensturz des Seilersten entsprechend gering ist.

Beispieltouren

Großvenediger, 3674 m – Normalweg von Süden über Defreggerhaus
Schwierigkeitsbewertung: L (G1)

Ende September 2008. Eine befreundete Familie (Vater, Mutter, 16-jähriger Sohn) möchte mit mir auf den Großvenediger. Die Tour ist mit »Leicht« bewertet, allerdings sind es von der noch geöffneten Johannishütte über 1500 Höhenmeter Aufstieg zum Gipfel. Ohne nennenswerte Akklimatisation (wir haben vier Tage für das ganze Projekt) ist das zu heftig, besonders für den nicht ganz schlanken Jens. Also entscheiden wir uns, die »einmalige Atmosphäre« im Winterraum des 650 Meter höher gelegenen Defreggerhauses zu genießen …

Zeitplan
1. Tag: Anreise mit dem Hüttentaxi zur Johannishütte, Aufstieg zum Defreggerhaus 3 Std.
2. Tag: 8.00 Uhr Abmarsch Defreggerhaus – 9.00 Uhr Ende Mullwitz-Aderl – 10.30 Uhr Rainertörl – 11.30 Uhr Gipfel – 13.00 Uhr Defreggerhaus – 15.00 Uhr Johannishütte

Technische Ausrüstung
Pro Person: Gletscherpickel lang und gerade, Steigeisen für Gletschertrekking, Hüftgurt, 2 Verschlusskarabiner, 2 Prusikschlingen (2,5 und 4 m, je 6 mm), 2 Normalkarabiner, eine Bandschlinge 120 cm, eine Eisschraube. Gemeinsame Ausrüstung: 1 Biwaksack, 1 Erste-Hilfe-Set, 1 Halbseil 40 m, AV-Karte

Der Aufstieg von der Johannishütte zum Defreggerhaus ist eine schöne Wanderung.

Frühstücksbuffet im »Hotel Winterraum«/Defreggerhaus

Nr. 36 Venedigergruppe, Kompass, Höhenmesser, 2 Handys.

Unterwegs

Da wir eine weite Anreise von Bochum hatten, haben wir erst mal im schönen Prägraten übernachtet. Dieser entspannte Start gab uns Gelegenheit, das Material zu checken und Leihmaterial individuell anzupassen. Außerdem konnten wir hier im Internet den aktuellen Wetterbericht für die nächsten 2–3 Tage abrufen. Es herrscht ein stabiles herbstliches Hochdruckgebiet – go for it! Wir kaufen Proviant für den Winterraum (schnellkochende Nudeln, Tütensuppen und jede Menge Landjäger …), natürlich darf auch eine Flasche Wein nicht fehlen. Nach einem guten Kuchen steigen wir die 850 Höhenmeter zum Defreggerhaus betont gemütlich auf, da wir uns in der Akklimatisationsphase nicht anstrengen wollen. Die Schlafhöhe ist ohnehin recht hoch für die erste Nacht (knapp 3000 m). Das Geschnarche weiterer Winterraumgäste und die Nervosität vor der Tour sind Garanten für einen unruhigen Schlaf. Nach dem Aufstieg zur Hütte haben wir noch ausreichend Zeit, die Tour vor dem Abendessen auszukundschaften. In 20 Minuten gelangt man über das Mullwitz-Aderl zum Mullwitzkees, von wo man einen guten Blick aufs Rainertörl hat. Es ist spät in der Saison, die Spalten stehen weit offen. Zudem gibt es etwas Neuschnee, sodass klar ist, dass unbedingt angeseilt werden muss.

Am nächsten Morgen brechen wir nach einer Art »Frühstück« um 8.00 Uhr auf. Es sind 700 Höhenmeter zum Gipfel und es gibt keinerlei Gewitterneigung, die späte Aufbruchszeit erscheint somit vertretbar. Die andere Seilschaft können wir so zum Spuren im Neuschnee vorschicken. Ab Mullwitzkees gehen wir am Gletscherseil. Der erste Teil ist flach und aper und bietet damit Gelegenheit, sich an die Steigeisen und die Seilschaftsabstände zu gewöhnen. Dies ist auch nötig, da wir mehrfach durch große Spaltenzonen müssen. Ich gehe vor, nach mir kommt der kräftige

Beispieltouren

Mächtige Spalten unmittelbar an der Aufstiegsroute

Großvenediger, 3674 m – Normalweg von Süden über Defreggerhaus

Jens, um mich im Zweifelsfall zu halten. Schnell gewinnen wir an Höhe, um 11.30 Uhr stehen wir, exakt im Zeitplan, am Gipfel. Der letzte Teil des Gipfelgrates ist ausgesetzt und bildet somit für manch einen eine Überwindung. Als Sicherungsmethode bietet sich hier das Sprungseil an, oder, in größeren Gruppen, kann einer vorgehen und vom mächtigen Kreuz aus sichern, um wenigstens einen Totalabsturz zu verhindern.

Im Abstieg schicken wir die zierliche, aber pfiffige Hupsl vor. Die ist leicht zu halten und findet auch gut den Weg und das richtige Tempo. Nach einer kurzen Rast am Defreggerhaus sind wir gegen 15.00 Uhr an der Johannishütte, wo alle außer dem Hüttentaxifahrer erst mal ordentlich etwas »tanken«.

Der spannende Gipfelgrat

Am Gipfel sind wir nicht alleine, viele kommen von der Nordseite über die Kürsingerhütte. Dieser Weg ist ebenfalls leicht.

Allalinhorn, 4027 m – Normalweg über den Westnordwestgrat von Mittelallalin

Schwierigkeitsbewertung: L (G2), Firn ca. 35° (evtl. eine kurze Stelle), praktisch kein Felskontakt

Allalinhorn- und Breithorn-Normalweg werden stets genannt, wenn nach einem »Einstiegsviertausender« für »Hochtourennovizen« gefragt wird. Beide sind bis hoch hinauf erschlossen, sodass man sie locker als Tagestour, zur Not auch bar jeder Akklimatisation, machen kann. Beide sind leicht. Dennoch gibt es Unterschiede und damit eine Rangfolge: Am Breithorn war es in den letzten Jahren auf der Spur praktisch unmöglich, in eine Spalte zu fallen; die lange Querung zur Gipfelkalotte ist zwar steil und ein Sturz im Spätsommer bei Blankeis keinesfalls empfehlenswert, jedoch läuft das Gelände flach aus.

Am Allalin gibt es echte große Spalten, eine sich über die Saison mitunter verändernde Wegführung (s. u.) und eine kurze Stelle, die zwar mit der meist vorhandenen guten Spur unschwierig ist, wo man im Sturzfall jedoch in der Spalte landet ...

Am Ende der Skipiste. Die steilere Aufstiegsvariante verläuft etwa da, wo das Schattenschwert der Eiswand ausläuft

Allalinhorn, 4027 m – Normalweg über den Westnordwestgrat von Mittelallalin

Wer am Gipfelgrat noch so posen kann, scheint kein Problem mit luftigen Graten zu haben (oder ist Opfer einer vom Bergführer ausgelösten Gruppendynamik)

Zeitplan

Auffahrt mit der ersten Bahn (variiert nach Saison, vorher erkundigen!) zum Mittelallalin. Hier sind Schließfächer, wo man Sachen deponieren kann, Toiletten und ein hübsches Drehrestaurant. Und Bänke, wo man in Ruhe Gurt und Steigeisen anlegen kann.
Bergstation Mittelallalin – Rand Skigebiet 45 Min.; Feejoch 3826 m 1:30 Std.; Gipfel 2:30 Std.; Rückkehr Drehrestaurant 3:45 Std.

Technische Ausrüstung

Pro Person: Gerader oder leicht gebogener Pickel, idealerweise mit T-Zertifizierung, Steigeisen mit langen Vertikalzacken, Hüftgurt, 2 Verschlusskarabiner, 2 Prusikschlingen (2,5 und 4 m, je 6 mm), 2 Normalkarabiner, eine Bandschlinge 120 cm, 1 Expressschlinge, eine Eisschraube.
Gemeinsame Ausrüstung: 1 Biwaksack, 1 Erste-Hilfe-Set, 1 Halb- oder Einfachseil 50 m, Schweizer Landeskarte 1328 Randa, Kompass, Höhenmesser, 2 Handys.

Unterwegs

Man bewegt sich zunächst parallel zu dem langgezogenen Grat, der sich von oberhalb des Felskinns bis zum Gipfel zieht und, für uns nicht sichtbar, den Hohlaubgletscher orografisch (in Fließrichtung) links begrenzt.

Beispieltouren

Hier ist der Gipfelgrat sehr lieblich, Achtung bei starkem Wind!

Im Abstieg zum Feejoch, im Hintergrund der Allalinpass. Preisfrage: Welche der beiden Gruppen hat eine angemessene, welche eine schlampige Seilführung?

Solange man sich noch im Skigebiet bewegt, besteht die größte alpine Gefahr wohl in der Selbsteinschätzung mancher Schneesportler bezüglich ihres Boards/ihrer Latten. Sobald man den Rand des Skigebiets in südwestlicher Richtung erreicht, sollte man sich ins Gletscherseil einbinden, denn hier beginnen auch gleich die großen Löcher. Nun gibt es zwei Aufstiegsvarianten; welche man wählt, ist saisonabhängig: In welchem Zustand sind die großen Querspalten unterhalb des Feejochs? Entweder man geht direkt schräg links hoch, um dann unterhalb des Feejochs in flacheres Gelände hinauszuqueren, oder man quert mit zunächst wenig Höhengewinn in einem großen Bogen unterhalb des Feechopfes, um dort Richtung Feejoch aufzusteigen. Variante 1 ist deutlich steiler; wer hier nicht sicher auf den Steigeisen steht, muss gesichert werden. Variante 2 ist flacher, aber man muss über die großen Löcher. Je nach Verhältnissen legen die einheimischen Bergführer auch Leitern über die Löcher.

Am Feejoch angekommen, machen eigentlich alle Pause. Hier sehen wir im Südwesten die ganz großen: Matterhorn, Monte Rosa, Mont Blanc etc. Wenn wir was sehen. Es folgt der durchgehend steile, aber nie extrem steile Gipfelhang. Anfangs gibt es noch einige Spalten, im oberen Teil hält man sich etwas rechts vom Gipfel. Bei den einzigen Felsen, denen man nahekommt, kann man ein Rucksackdepot einrichten für die Gipfelrast, denn am eigentlichen Gipfel ist sehr wenig Platz. Um dorthin zu gelangen, sollte man entweder aufs Sprungseil wechseln (siehe S. 121) oder eben seilfrei gehen. Es sind ca. 20 m Firngrat, meist mit einer guten Spur und gerne mit Gegenverkehr. Der Abstieg erfolgt auf der Aufstiegsroute.

Im Monte-Rosa-Gebiet

Mönch, 4107 m – Normalweg über den Südarm des Ostgrates

Schwierigkeitsbewertung: WS (G3), Eis ca. 40°, Fels II (Achtung: In älteren Führer wie dem Band »Berner Alpen« aus dem Rother-Verlag von 1995 wird der hier beschriebene Normalweg als »Ostsüdostgrat« bezeichnet)

Der Mönch ist durchaus vergleichbar mit dem Piz Palü in der Bernina: Für den Schwierigkeitsgrat extrem spektakulär und zudem mit der Jungfraujochbahn und der hoch gelegenen Mönchsjochhütte gut zu erreichen. Wird dank der Stollenbahn häufig als Tagestour vom Tal aus gemacht.

Zeitplan

1. Tag: Anreise von Grindelwald aufs Jungfraujoch, 3454 m, und Aufstieg zur Mönchsjochhütte, 3657 m, in 1 Stunde. Evtl. »Auschecken« des Einstiegs
2. Tag: 7.00 Uhr Abmarsch Similaunhütte – 7.30 Uhr am Einstieg des Südarms des Ostgrates im Felsteil, 8.30 Uhr P. 3887 – 9.30 Uhr Gipfel, 11.00 Uhr Uhr zurück am Einstieg

Technische Ausrüstung

Pro Person: Gerader oder leicht gebogener Pickel, idealerweise mit T-Zertifizierung, Steigeisen mit langen Vertikalzacken, Hüftgurt, 2 Verschlusskarabiner, 2 Prusikschlingen (2,5 und 4 m, je 6 mm), 2 Normalkarabiner, eine Bandschlinge 120 cm, 1 Expressschlinge, eine Eisschraube.
Gemeinsame Ausrüstung: 1 Biwaksack, 1 Erste-Hilfe-Set, 1 Halb- oder Einfachseil 50 m, Schweizer Landeskarte 1249 Finsteraarhorn, Kompass, Höhenmesser, 2 Handys.

Die klettertechnische Schlüsselstelle ist recht weit oben.

Unterwegs

2017 hatten wir das große Glück, im Herbst (Anfang Oktober) bei bestem Wetter unter der Woche ganz allein an diesem phantastischen und berühmten Berg zu sein. Der Mönch entsendet vom Gipfel drei Grate, von welchen der Ostgrat, der nach ca. 300 m nach Südosten abbiegt und sich schließlich bei P. 3887

Mönch, 4107 m – Normalweg über den Südarm des Ostgrates

in einen Südarm und einen Ostsüdostarm teilt, den Normalweg darstellt. Wir gehen von der Hütte am oberen Mönchsjoch zunächst leicht absteigend zum Einstieg am Südarm des Ostgrates. Hier sind zumeist Steigspuren. Der Felsteil beginnt, und wie so oft kann man die meistbenutzte Route an den Steigeisen-Kratzspuren am Fels erkennen. Die Kletterstellen im II. Grad sind kurz, aber absturzgefährlich. Sicherungsmöglichkeiten an Felsköpfeln, teilweise auch an Sicherungsstangen, sind reichlich vorhanden. Anschließend wechseln sich bis zum Vereinigungspunkt mit dem Nordarm des Ostgrates sehr kurze Felspassagen und ein scharfer Firngrat ab. Das macht den Mönch zur kombinierten

Beispieltouren

Am Ende des Felsteils. Deutlich zu erkennen die Mönchsjochhütte und die Karawanen dort hin.

Tour – man sollte in der Lage sein, mit Steigeisen auch im Fels zu klettern. Die können das ab! Aber bitte nicht im Klettergarten üben. Hier beginnt nun der »Psychoteil«: Alles Gehgelände, aber: Sehr verhältnisabhängig (gute Spur in gutem Trittfirn, gar keine Spur im Blankeis oder Tiefschnee?), extrem ausgesetzt und im letzten Teil auch überwechtet, sodass man in die Flanke ausweichen muss, wo man sehr gut auf den Vertikalzacken stehen sollte. Ein weiteres Problem besteht in den unterschiedlichen Richtungen auf- und absteigender Seilschaften. Wo eine entgegenkommende Seilschaft nicht leicht zu passieren ist, sollte man kommunizieren, wie man es kontrolliert angeht. Denn Mitreißunfälle durch Gegenverkehr sind an der Tagesordnung. Wo, wenn nicht an einem scharfen, vielbegangenen Grat. Der Abstieg erfolgt auf der Aufstiegsroute. In heterogenen Seilschaften sollte der Erfahrene nun mit dem Sprungseil hinten gehen.

Der spektakuläre Firngrat zum Gipfel. Der Pickel gibt Stabilität, Stöcke funktionieren hier nicht. Vorsicht vor den Wechten ist angesagt.

Breithorn, 4164 m – Überschreitung von Ost nach West

Schwierigkeitsbewertung: ZS+, Eis 45°, Fels III

Die Breithornüberschreitung ist in jeder Hinsicht eine ideale Eingehtour für den Liongrat am Matterhorn, welcher im Sommer 2012 unser eigentliches Ziel ist. Die Fels- und Eisschwierigkeiten sind identisch, es gibt einen entspannten Zu- und Abstieg und die Überschreitung liegt, von Zermatt kommend, quasi auf dem Weg. Also nichts wie hin.

Zeitplan

Die Tour ist im AV-Führer mit 7–8 Stunden angegeben, also recht lang.
8.15 Uhr Abmarsch Klein Matterhorn – 9.30 Uhr Bivacco Rossi e Volante – 11.30 Uhr Roccia Nera – 13.00 Uhr Gendarm – 14.00 Uhr P. 4022 m (Selle-Sattel) – 15.30 Uhr Hauptgipfel – 16.30 Uhr Klein Matterhorn

Technische Ausrüstung

Pro Person: Gerader oder leicht gebogener Pickel mit T-Zertifizierung, Steigeisen mit langen Vertikalzacken und zwei Frontal-

Blick zurück auf die Abseilstellen an den Breithornzwillingen

Breithorn, 4164 m – Überschreitung von Ost nach West

Eine Querung ist etwas heikel, da kaum noch Schnee auf den abwärts geschichteten Felsen liegt. Von einem gut sitzenden Friend im Fels sichere ich Wopo, auch wenn er einen satten Pendler machen würde ...

zackenpaaren, Hüftgurt, 2 Verschlusskarabiner, 2 Normalkarabiner, 2 Reepschnüre (2,5/4,5 m, 6 mm), eine Kurzprusikschlinge, eine Bandschlinge 120 cm, ein Sicherungsgerät ATC Guide, Helm, Handy.
Gemeinsame Ausrüstung: 50-m-Einfachseil, Biwaksack, Erste-Hilfe-Set, 4 Expressschlingen, 2 Camalots (Gr. 1, 2), 2 Tiblocs mit Verschlusskarabiner.
Begründung der Seilwahl: Auf der Tour gibt es zwei kurze Abseilstellen mit max. 20 m und keine scharfen Felsgrate. Das Einfachseil bietet in diesem Fall das beste Handling.

Unterwegs

Vom Klein Matterhorn gibt es in der Saison stets eine gute Spur Richtung Schwarztor, da diese Strecke ja Teil der berühmten »Spaghettirunde« ist. Wir gehen, da zu zweit, mit Bremsknoten im Seil. Vom Bivacco führt die Spur nun steil hinauf, zunächst über den Bergschrund, der allerdings unproblematisch erscheint, und dann in zunehmender Steilheit auf die Roccia Nera: Firn in 45° Steilheit über ca. 120 Höhenmeter hinweg, nur ca. 20 cm Schnee auf dem Blankeis – wenn das nicht ideales Gelände ist, um gleichzeitig mit der

Die Kletterei macht Spaß, an der Schlüsselstelle (IV-) muss man richtig ziehen.

Rücklaufsperre an der Eisschraube zu klettern! Wir kommen zügig voran. Die Gratüberschreitung ist spektakulär. Die Abseilstellen sind leicht zu finden.

Nach der letzten Abseilstelle klettern wir in ca. 40° Steilheit in den Sattel P. 4022 m hinab. Ab hier gehen wir einzeln (ohne Seil), da wir uns dem Gelände gewachsen fühlen und den anderen im Sturzfall nicht mitreißen wollen. Objektive Gefahren gibt es hier nicht. Das Wetter verschlechtert sich zusehends, aber wir liegen gut in der Zeit und wollen den Felsteil noch mitnehmen, der hier beginnt.

Wir seilen uns wieder an und verkürzen das Seil auf 25 m, da die Kletterei öfters ums Eck führt und wir in Kontakt bleiben wollen. Nach wirklich schöner Kletterei gelangen wir auf den Gipfelgrat des Hauptgipfels. Stellenweise ist es schwierig, einen guten Kompromiss zwischen den Wechten und dem Steilhang zu finden, die vorhandene Spur ist aber gut gelegt.

Der Abstieg vom Hauptgipfel ist dann nur noch Formsache. Nach ca. acht Stunden sind wir wieder am Klein Matterhorn.

Der Gipfelgrat ist stark nach Norden überwechtet.

Breithorn, 4164 m – Überschreitung von Ost nach West

Piz Palü, 3900 m – Bumillerpfeiler

Zwei freie Tage und ein vorhergesagtes Schönwetterfenster in der Ostschweiz motivierten uns, das seit Langem offene »Projekt Bumillerpfeiler« anzugehen. Der mittlere der drei Nordwandpfeiler des Piz Palü wurde bereits 1887 erstbegangen. Eine bemerkenswerte Leistung, die Respekt abverlangt: 600 m kombiniertes Gelände mit Eis bis zu 90° (je nach Variante) und Felsschwierigkeiten bis V+ sind auch heute noch kein Spaziergang. Schwierigkeit nach der SAC-Skala: S+.

Zeitplan

1. Tag: Anstieg oder per Bergbahn zur Diavolezza-Bergstation, Ankunft an der Talstation ca. 17.00 Uhr (letzte Seilbahn)
2. Tag: 2.30 Uhr Abmarsch von Berghaus Diavolezza – 3.15 Uhr Persgletscher – 5.00 Uhr Einstieg in der Bumillerpfeiler – 7.30 Uhr Beginn Felsteil – 12.30 Uhr Ende Felsteil – 14.00 Uhr Piz Palü Hauptgipfel – 14.30 Uhr Ostgipfel – 15.15 Uhr Ostsattel – 17.45 Uhr Ankunft beim Berghaus Diavolezza – 20.30 Uhr Parkplatz Diavolezza-Talstation
20.30 Uhr Parkplatz Diavolezza-Talstation

Technische Ausrüstung

Pro Person: Helm, Hüftgurt, 1 Sicherungs-Abseilgerät (Reverso), 3 HMS-Karabiner, 3 Schnappkarabiner, Bandschlingen (1 x 180 cm, 2 x 60 cm), 2 x 6-mm-Reepschnüre (240 cm), 2 Eisgeräte, Steigeisen, Kletterschuhe, Teleskopstöcke.

Gemeinsame Ausrüstung: 5 Eisschrauben, 2 x 55-m-Halbseile, 7 Expressschlingen, Erste-Hilfe-Set, Biwaksack, Landeskarte Bernina, Kompass, Höhenmesser, Handy, Fotoapparat, 5 kleine und mittlere Friends, 1 Satz Klemmkeile, 4 Felshaken.

Piz Cambrena (links) und Piz Palü mit seinen drei Nordwandpfeilern, im Vordergrund der Fortezzagrat

Piz Palü, 3900 m – Bumillerpfeiler

Im Berghaus Diavolezza, dem Ausgangspunkt der Tour

Unterwegs

Der Bumillerpfeiler ist eine ideale Kombitour. Das erste Drittel bietet steiles Eis (das leider von einsturzbereiten Séracs bedroht wird), dann folgt sehr schöne, ausgesetzte Felskletterei, bevor es am Ende wieder in steiles Eis übergeht.

Bereits am Telefon sprechen wir ab, wer was mitnimmt. So gehen wir sicher, dass nichts Wichtiges zu Hause bleibt, und haben am Parkplatz kein Gewurschtel und langwieriges Umverteilen. Eine Diskussion gibt es zum Thema Kletterschuhe: Einpacken oder zu Hause lassen? Da der Felsteil in einem Stück geklettert wird, und so kein mehrmaliges Wechseln zwischen Berg- und Kletterschuhen nötig ist, kommen sie in den Rucksack. Sind ja auch nicht schwer, die Dinger. Rechtzeitig vor Betriebsende sind wir an der Talstation der Diavolezza-Bahn. Die ersten 1000 Höhenmeter legen wir also mit der Seilbahn zurück. Nach einer (wie immer) zu kurzen Nacht folgen wir im Schein der Stirnlampen dem Pfad hinter dem Piz Trovat vorbei zum Persgletscher. Die Firnauflage am Gletscher ist gefro-

Der Pfeiler im Profil: Der untere Felsteil wird rechts im Eis umgangen, nach dem Firngrat in Bildmitte beginnt die Felskletterei, am Ende folgen ein paar Seillängen steiles Eis, bevor man flacher zum Mittelgipfel hinaufsteigt.

ren und tragfähig, die Sicht im Mondlicht gut. Wir verzichten deshalb auf das Anseilen und marschieren zum Bumillerpfeiler (Mittelpfeiler), an dessen Fuß wir gegen 4.30 Uhr ankommen.

Der erste Teil des Anstiegs führt durch eine steile Rinne rechts des Pfeilers, die von labilen Séracs oberhalb bedroht wird. Hier kommt es immer wieder zu Unfällen durch herunterstürzendes Eis, das leider keine Rücksicht auf Tageszeit oder Kletterer nimmt. In der ersten Dämmerung begutachten wir die Rinne und beschließen, diesen Teil seilfrei zu klettern. Die Eisverhältnisse sehen gut aus und wir sind ohne Seilsicherung schneller unterwegs. So verkürzt sich unser Aufenthalt in der Gefahrenzone deutlich. Da wir Sturzverbot haben, bewegen wir uns vorsichtig und kontrollieren jeden Schlag und Tritt doppelt.

Schließlich erreichen wir, links aus der Rinne herauskletternd, den kleinen Firngrat, an dessen Ende uns der Beginn des Felsteils erwartet.

Nach einer kurzen Vesperpause ziehen wir unsere Kletterschuhe an, packen Eisgeräte, Steigeisen und Bergschuhe in den Rucksack und seilen an. Wäre der schwere Rucksack nicht, könnten die folgenden Seillängen im Fels als absoluter Genuss durchgehen. Wir klettern überschlagend und kommen dank der Kletterschuhe (die sich auf dem trockenen Fels als goldrichtig bewähren) gut voran. Einige Begehungsspuren (Steigeisenkratzer am Fels, geschlagene Haken und leider auch zurückgelassener Müll) weisen uns den Weg. Dennoch gleichen wir unsere Route immer wieder mit der Beschreibung ab, um nicht einer der vielen Verhauer-Linien (geschlagene Haken, die in die falsche Richtung weisen)

Nächtlicher Zustieg zum Bumillerpfeiler

Im unteren Eisteil des Bumillerpfeilers

Piz Palü, 3900 m – Bumillerpfeiler

Am kurzen Firngrat vor dem Beginn des Felsteils

zu folgen. Die Kletterei ist recht homogen und führt uns meist etwas links der eigentlichen Pfeilerkante nach oben. Die Standplätze sind gut mit Haken und Schlingen eingerichtet. Stellenweise legen wir einen Keil oder Friend zur Verbesserung dazu.

Bevor wir das Ende des Felsteils erreichen, zieht dichter Nebel auf und es beginnt zu schneien. Kurzes Ärgern über den Wetterbericht – dann geht es weiter. Die Entscheidung nach oben »zu flüchten« ist eindeutig. Bis zum Beginn des oberen Eisteils ist es nicht

mehr weit und der Fels nicht extrem schwer. Und wir erwarten eine ausgetrampelte Spur beim Abstieg vom Gipfel über den Normalweg, die uns auch bei Nebel zum Persgletscher hinabführen wird. Außerdem wäre Abseilen über die Bumillerroute sehr aufwen-

Schneetreiben am Gipfel

dig und würde deutlich länger dauern als der Weg über den Gipfel.

Bevor wir den oberen Eisteil angehen, heißt es wieder: Bergschuhe anziehen und Steigeisen anlegen. Nach einer ausgesetzten und heiklen Querung in der ersten Eisseillänge legt sich der Hang zurück. Durch dichtes Schneetreiben und ein paar große Spalten aus der Spur gebracht, dauert es länger, bis wir den Gipfel finden. Wind und Schneetreiben verkürzen unsere Gipfelrast auf ein Minimum. Über den ausgesetzten Grat schwindeln wir uns weiter zum Ostgipfel und schließlich zum Ostsattel. Den Grat begehen wir ins Seil eingebunden mit jeweils einigen Schlingen Sprungseil in der Hand. Ab dem Ostsattel sind wir dann wieder als Gletscher-Zweierseilschaft unterwegs. An der Diavolezza-Bergstation kommen wir 30 Minuten nach der letzten Talfahrt an. So beenden wir die Tour mit einem unfreiwilligen Abendabstieg ins Tal.

Ausgesetzte Felskletterei am Pfeiler

Aufstieg zum Huascarán 6768 m, Peru

Anhang

Wetter

Die Zusammenhänge zwischen den wetterbestimmenden Prozessen in unserer Erdatmosphäre und der weiteren Wetterentwicklung sind komplex. Selbst renommierte Profis liegen mit deren Deutung ab und zu daneben. Hier alle relevanten Einflussfaktoren zu erläutern, würde den Rahmen des Buches sprengen und in der Praxis keinen großen Mehrwert bringen. Moderne Medien erlauben uns von nahezu jedem Ort einen Zugriff auf die Wetterprognosen spezialisierter Anbieter. Die gilt es richtig zu interpretieren und eigene Schlüsse daraus zu ziehen.

Was ist Wetter?

Viele Bergsteiger kennen auf die Frage nach dem Wetter nur zwei Antworten: »Gut!« oder »Schlecht!« Physikalisch beschreibt Wetter den kurzfristigen Zustand der Atmosphäre (natürlich wertfrei) anhand des Luftzustandes: Luftfeuchtigkeit, -temperatur, -druck, -bewegung usw. Angaben zu diesen »Zuständen« der Luft finden wir im Wetterbericht (oder erleben sie, wenn wir uns am Gipfelkreuz festklammern müssen).

Zuverlässigkeit der Wetterberichte

Einige Wetterberichte (DAV-Alpenwetter, Chamonix-Météo, Meteoblue) geben eine Trefferwahrscheinlichkeit an, die für die Planung sehr nützlich ist. Generell sind Wettervorhersagen bis zu einem Zeitraum von 2–3 Tagen recht zuverlässig. Darüber hinaus nimmt die Prognosesicherheit, in Abhängigkeit von der aktuellen Wetterlage, deutlich ab. Gibt es keine Angaben zur Zuverlässigkeit, hilft es, mehrere Wetterberichte zu vergleichen. Weichen die Prognosen stark voneinander ab, kann das auf eine unsichere Vorhersagesituation hindeuten. Auch wenn die Prognosen der letzten Tage danebenlagen oder häufig korrigiert wurden, ist eine nied-

Piz Cambrena in der Berninagruppe

Unterwegs im Vallée Blanche, Chamonix

rigere Prognosesicherheit der aktuellen Berichte anzunehmen.

Alpine Wetterlagen

Ein **Hochdruckgebiet** (in den Wetterkarten mit einem H gekennzeichnet) führt im Winter oft zu einer Inversionslage in den Bergen. Diese sorgt für Nebel sowie kalte, feuchte Luft in den Tälern und trockene Luft und gute Fernsicht auf den Bergen. Im Sommer bringt ein Hoch schönes, klares Wetter. Mit abnehmendem Hochdruckeinfluss nimmt die Gewitterneigung zu.

Tiefdruckgebiete (in Wetterkarten mit T oder L gekennzeichnet) haben, je nach Lage und Zugbahn, unterschiedliche Auswirkungen auf das lokale Wettergeschehen. Die häufig vorkommende Westwetterlage bringt Niederschläge und starken Wind im ganzen Alpenraum, wobei die Südalpen begünstigt sein können. Zwischen den durchziehenden Tiefs kann sich auch ein kurzes Zwischenhoch entwickeln, das (bei vorsichtiger Planung) durchaus eine Tour zulässt. Einige Konstellationen von Hochs und Tiefs zueinander führen zu **Stau- oder auch Föhnlagen**. Mit »Stau« ist hier nicht der Samstagmorgenverkehr gen Süden gemeint, sondern die von Norden oder Süden auf die Alpen treffende Luft. Dort wo sie sich staut, kommt es zu starken Niederschlägen. Nach dem Überqueren des Gebirges sinkt sie wieder ab, dabei erwärmt sie sich und die Wolken lösen sich auf. Daher bringen Staulagen auf der »anderen« Seite der Alpen trockenes und schönes Wetter mit zum Teil starken Winden.

Tiefdruckgebiete transportieren unterschiedlich temperierte Luftmassen. Trifft die wärmere Luft auf kalte Luftmassen, entsteht eine **Warmfront** (mit roten Halbkugeln in den Wetterkarten gekennzeichnet). Sie bringt eine langsame Wetterverschlechterung mit sich. Trifft kältere Luft auf warme Luftmassen, entsteht eine **Kaltfront** (mit blauen Dreiecken in den Wetterkarten gekennzeichnet). Die Folge ist ein schneller Wetterwechsel mit oft starken

Stabiles Sommerhoch im Wallis

Niederschlägen und Gewittern im Sommer. Für Hochtourengeher besonders kritisch ist die **Gewitterlage**. Sie ist dadurch gekennzeichnet, dass weder ein bestimmendes Hoch- noch ein ausgeprägtes Tiefdruckgebiet vorhanden sind. Im Tagesverlauf wachsen die Quellwolken so lange, bis sie sich als Gewitterwolke »entladen«. Zeitpunkt und genaue Lage der Gewitter sind schwer vorhersehbar. Durch eine Kaltfront ausgelöste Gewitter werden hingegen in den Wetterberichten recht exakt vorhergesagt.

Gewitter

Gewitter kommen nicht aus heiterem Himmel. Alarmzeichen für ein nahendes Gewitter sind:

Statische Aufladung

Wenn deinem Bergfreund die Haare zu Berge stehen, muss das nicht immer eine Panikattacke sein. Auch die elektrische Aufladung der Luft vor und während eines Gewitters ist eine mögliche Ursache dafür.

Surren

Jeder kennt das beunruhigende Geräusch unter Hochspannungsleitungen. Wenn Eispickel, Stöcke etc. zu surren beginnen, hat das den gleichen Grund. Strom fließt durch sie hindurch, was ein untrügliches Alarmzeichen für Gewitter ist.

Elmsfeuer

Kommt es zu kleinen flackernden Funken an exponierten Teilen (Gipfelkreuz, Pickel, Liftpfosten etc.), dann ist die Luft so stark elektrisch geladen, dass Strom fließt. Auch das ist ein deutliches Gewitter-Alarmzeichen.

Verhalten bei Gewitter

In einem Gewitter sind der direkte Blitzeinschlag und Erdströme, die durch Einschläge

Am Grat der Aiguille d'Entrèves, Mont-Blanc-Gebiet

in der Umgebung verursacht werden, die beiden wesentlichen Gefahren. Besonders gefährdete Orte sind:
- Einzelne Bäume
- Gipfel, Grate und Erhebungen
- Wasserläufe
- Metallkonstruktionen (Brücken, Seilbahnmasten etc.)

Orte mit einer geringeren Gefahr bei Gewitter sind Wälder, große Höhlen oder der Fuß einer steilen Felswand (immer mit einem Abstand zu Felsen, Ästen und anderen Personen von

Anhang

Quellwolke im Monte-Rosa-Gebiet

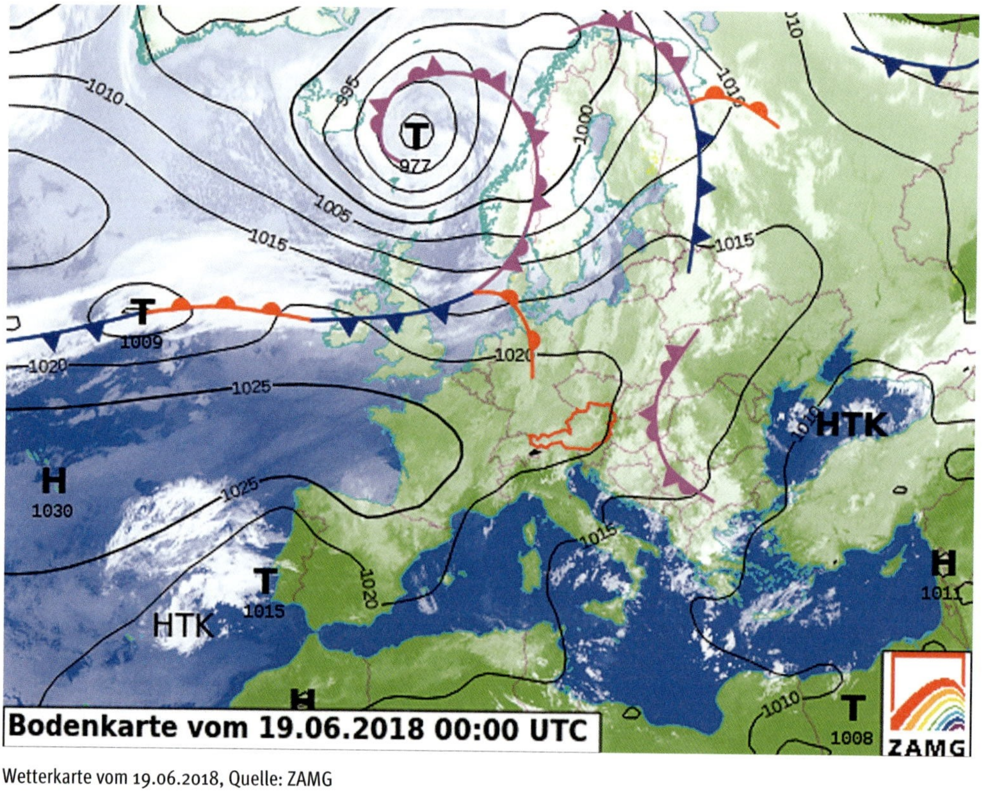

Wetterkarte vom 19.06.2018, Quelle: ZAMG

Umweltaspekte

Quellwolken in der Bernina-Region

ca. 2 m). Je kleiner unser Berührungspunkt mit dem Boden ist, desto sicherer sind wir vor Erdströmen. Sich mit geschlossenen Beinen hinzuhocken, ist dafür die optimale Position. Entgegen einer weitverbreiteten Meinung »ziehen« Pickel, Skistöcke, Karabiner und andere Metalle Blitze nicht an. Man sollte sie dennoch entfernt vom eigenen Standort ablegen, weil sie als gute elektrische Leiter die Verletzungsgefahr bei einem Blitzeinschlag erhöhen.

Umweltaspekte

Bitte nicht weiterblättern!

Wir wollen hier nicht die zigste Fraktion mit erhobenem Zeigefinger sein – schon gar nicht, weil wir selbst unseren Beitrag zur Nutzung und »Abnutzung« der Alpen leisten (auch wenn einer der beiden Autoren einer raren autofreien Bergführerspezies angehört). Die beste Motivation, einmal alternativ in die Berge zu fahren oder die Brotzeit vor Ort beim Bauern zu kaufen, ist das Erkennen der eigenen Vorteile daraus. Und die gibt es tatsächlich:

Die Gletscherregionen der Hochgebirge sind ...

... neben dem Wattenmeer die einzigen Großökosysteme in Europa, wo Wildnis noch in ihrer natürlichen Form existiert.
... Rückzugsgebiete für viele Pflanzen und Tiere.
... der größte Süßwasserspeicher Europas.
... mit die spektakulärste, großartigste Landschaft, die man sich vorstellen kann!
Durch Erschließungsdruck, Klimawandel und andere Faktoren ist dieses Juwel in Gefahr! In Zeiten, wo die »Fridays« völlig zu recht die Einhaltung internationaler Verträge zur CO_2-Reduktion immer radikaler fordern, wie können wir Bergsteiger da die Berge ballermannmäßig verbrauchen? Was können wir tun?

Kritischer Konsum

Wer sich selbst versorgt, sollte seine Lebensmittel auch vor Ort einkaufen. Sämtliche Produkte können unter Ausschaltung von Zwischenhändlern günstig und frisch beim Bauern im jeweiligen Berggebiet eingekauft werden. Vorbild ist Graubünden: Hier haben über 70 % der Höfe das Bio-Suisse-Label, es ist also wirklich schwierig, konventionell einzukaufen. Erst durch den Verzehr lokaler Produkte schmeckt das Bergerlebnis echt!

Hin und weg

»Mit öffentlichen Verkehrsmitteln kommt man da nicht hin«, »Wie soll ich dann meine Ausrüstung transportieren?«, das sind gängige Ausreden. Siehe dazu Tipps im »Kurz und Knapp« auf S. 217. In Tirol und in der Schweiz ist »das letzte Stück« mittlerweile viel besser mit dem ÖPNV zu erreichen als noch vor wenigen Jahren. Auch der DAV bietet mit seinen »Bergsteigerbussen« attraktive Alternativen zum eignen Auto.

Unterwegs und draußen

Abfall und menschliche Überreste (siehe Ötzi) werden im Hochgebirge besonders gut konserviert. Die Frage ist nur, ob sich unsere Nachfahren darüber freuen werden.
- Die Notdurft sollte man, wenn es nicht anders geht, weitab der Wege machen und vergraben.
- Besonders beim Biwakieren darf nichts zurückbleiben, sonst wird das auch noch reglementiert. Gas ist (nicht nur aus Umweltschutzgründen) besser als Benzin zum Kochen.
- Bananen- und Orangenschalen gehören nicht in die Landschaft. Die einheimischen Mikroben kennen das nicht und erbrechen sich nur.

»Ausstieg« an der Aiguille-du-Midi-Bergstation

Umweltaspekte

Sommerskifahrer in Zermatt. Ist ja wohl das Allerletzte, na klar. Aber wir Hochtouristen nutzen die Seilbahn auch ganz gern, sonst gäbe es dieses Foto nicht.

- Eine Besonderheit ist das Abfahren auf Schuttkegeln im Kalk. Hier gilt: Nur wo das Abfahren richtig Spaß macht, weil feiner Schutt ungebunden und tief ist, macht man auch keine Pionierpflanzen, die das Ganze zusammenhalten wollen, kaputt.
- Meide Schon- und Schutzgebiete! Diese sind durch Schilder und im Netz (Schweiz: www.respektiere-deine-grenzen.ch) ausgewiesen.
- Beim Abstieg erlauben wir uns ab und zu den »Luxus«, Müll von Wegen und Gletschern mitzunehmen und im Tal zu entsorgen.

KURZ UND KNAPP

› Mit etwas gutem Willen und Zeit kommt man überall auch ohne Auto hin. Sieh einfach die Vorteile: Du kannst bei der Fahrt lesen, dich entspannen, Kraft für die Tour sammeln – das geht im Auto nicht. Ausrüstung, die auf Tour nicht gebraucht wird, kann in einem Hotel oder am Bahnhof deponiert werden.

› Fahrgemeinschaften und Mitfahrgelegenheiten sind heute – dank Internet – nicht mehr aufwendig zu organisieren. Einfach etwas in den Alpenvereinsforen stöbern.

› Das Halbtax-Abonnement der Schweizer Bahn hat sich nach einer einzigen langen Fahrt (von Basel nach Zermatt und zurück) schon fast rentiert; die Bahncard der Deutschen Bahn lohnt sich ohnehin. Einige Artikel dieses Buches sind im ICE entstanden, dank moderner Technik kein Problem.

Life is training! Anreise mit öffentlichen Verkehrsmitteln und vollständigem Leihmaterial für eine Hochtourengruppe

LITERATUR, TELEFONNUMMERN UND INTERNET

Wetter	www.alpenverein.de www.alpenverein.at www.alpenverein.it www.chamonix-meteo.com www.meteotrentino.it www.meteoblue.ch www.sac-cas.ch www.meteoschweiz.ch	Persönliche Beratung (teilweise kostenpflichtig) Österreich: +43 512 291600 Schweiz: +41 848 800 162 Deutschland (Tonband): +49 89 295070 Südtirol: +39 047127 1177
Lawine	Outdoor-Praxis Lawinenkunde, Schweizer, Jürg; Harvey, Stephan; Rhyner, Hansueli; ISBN-13: 9783765457791 Lawine, Mair, Rudi; Nairz, Patrick; ISBN 978-3-7022-3086-9 3 x 3 Lawinen, Munter, Werner; ISBN-13: 978-3763320608 www.avalanches.org	
Erste Hilfe und Höhe	Erste Hilfe und Gesundheit am Berg und auf Reisen; Dr. Treibel, Walter; ISBN-13: 978-3763360277 Höhe x Bergsteigen; Lämmle, Thomas; ISBN 3-00-028885-6 Outdoor-Praxis Höhentrekking und Höhenbergsteigen; Klaus Mees; ISBN-978- 3- 7654-5493-6 www.bexmed.de www.altitudemedicine.org www.alpinmedizin.org www.alpinesicherheit.at	
Ethik und Risikomanagement	Die Tirol Deklaration zur Best Practice im Bergsport: www.alpineaction.ch/_data/upl/file/ueber_uns/Tirol_Deklaration.pdf Risikomanagement im Bergsport: www.bergundsteigen.at, www.climbersforfuture.org	
Notrufnummern	Euronotruf 112 – europaweit gültige Nummer für die Rettungsleitstellen ASS Alpiner Sicherheitsservice (für DAV-Mitglieder): +49 89 30657091	Zusätzlich in den Alpenländern Bayern: 112 Österreich: Bergrettung 140; Allgemeiner Rettungsdienst 144 Schweiz: Rega: 14 14, +41 333-333 333, Wallis: 144 Frankreich: 15, Chamonix: +33 450 53 16 89 Italien und Südtirol: 118 Slowenien: 112
Nützliche Adressen, Verhältnisse, ...	www.vdbs.de www.gipfelbuch.ch www.ohm-chamonix.com www.hikr.org www.alpine-auskunft.de	www.bergsteigen.at www.tourentipp.de www.montagneinfo.net www.swisstopo.admin.ch www.alpenvereinaktiv.com www.outdooraktiv.com www.camptocamp.org

Aufstieg zum Mont Blanc

Register

A
Abalakov-Sanduhr 126
Abgebundenes Seilende 127
Ablassen 99, 114, 123, 127, 148, 149, 150
Abseilachter 114
Abseilen 51, 99, 100 ff., 123, 177
Absturzgelände 13, 88, 98, 109, 115
Achterknoten 98, 106, 121
Ägypter 166
Akklimatisationsphase 142, 182, 185
Allroundpickel 43
Alpinstil 19
AMS (Acute Mountain Sickness) 140
Anseilgurt 41, 48, 98
Anseilpunkt 41
Anti-Stoll-Platten 42
Atmosphäre 140, 184,
Ausrüstung 33, 40, 46, 48, 51, 90, 154, 180, 184, 188, 194, 202
Autoblockknoten 125

B
Ballistisches Verhalten 29,
Basisgerät 43
Beinhook 166
Bergespinne 150, 152
Bergetechnik 150, 153
Biwaksack 31, 46, 48, 158, 180
Blitzeinschlag 213, 215
Blockgrat 24, 119, 127
Bremsknoten 106, 152, 199
Bulinknoten 103

C
Cheyne-Stokes-Atmung 140

D
Deklination 58
Dexamethason 47, 142
Diamox 19, 47, 142
Doping 19, 142
Doppelstrang 41
Doppelte HMS 150 f.
Dreipunktregel 88
Drytooling 17, 49, 167, 173,
Drytool-Technik 170
Durchlaufwerte 114

E
Eckensteintechnik 81
Einbeiniges Abhocken 165
Eindrehen 94, 164, 166
Einfachseil 98, 121, 125, 174, 189, 199,
Einfachstrang 41, 124
Eisauflage 16, 163
Eissanduhrfädler 43, 177
Eisschraube 43, 51, 94, 109, 112, 126, 132, 154, 165, 176
Elmsfeuer 213
Energieeintrag 109, 125
Erdströme 213, 215
Escalation of Commitment 29, 32, 34
Euro-Norm 41
Expeditionsstil 19

F
Fädler 126
Falldämpfer 127
Fangleine 50, 177
Fangstoß 107
Fersenhook 166
Figure Four 173

Firnanker 110
Firnfelder 137
Firngrat 89, 119, 121, 123, 191, 204
Fixpunkt 43, 94, 98, 104, 109, 120, 129
Fixseil 14, 101, 115
Föhnlage 211
Französische Skala 25
Frontalzacke 16, 50, 81, 86, 90, 165, 175
Froschstellung 166
Führerpickel 43

G
Gardaklemme 102, 119
Geodätisches Bezugssystem 57
Geplantes Biwak 158
Gerätewechsel 167
Gewitter 26, 47, 185, 213
Gewitterlage 213
Gitternetz 55
Gleichzeitig klettern mit Rücklaufsperre 12
Gleitende Planung 30
Gleitendes Seil 120, 127
Gletscher 9, 12, 22, 32, 40, 48, 54, 68, 80, 89, 137, 152, 184, 216
Gletscherseil 41, 98, 104, 108, 115, 137, 191
Gletscherstand 55
Gletschertour 12, 41
Gletschertrekking 12, 40, 80, 180, 184
Goto-Funktion 71
GPS 46, 48, 54, 57, 62, 68, 70, 145,
Gullies 17

H

HACE (High Altitude Cerebral Edema) 140
Halbseil 41, 102, 121, 180, 202
Halbseiltechnik 114
Hämoglobin 142
Handschlaufe 43, 50, 167, 170, 176
HAPE (High Altitude Pulmonary Edema) 140, 142,
Hochdruckgebiet 57, 185, 211
Höhe 138, 142, 218
Höhenhirnödem 140,
Höhenkrankheit 133, 140, 142
Höhenlinie 54, 56, 61
Höhenlungenödem 140, 142
Höhenpunkt 54, 56
Hook 165, 166, 172
Horizontale 80, 126, 172
Hüftgurt 98, 100, 180, 184, 194, 202
Hyperventilation 142

K

Kaltfront 213
Kevlarschlinge 127
Klemmwirkung 102, 170, 172
Kommunikationsfehler 27
Komplettgurt 41
Koordinatensystem 55
Kopfstützpickel 91
Körperschwerpunkt 36, 42, 67, 87, 164, 173,
Kräftedreieck 109
Kreuzschlag 99, 100, 125
Kritischer Konsum 216
Kurbeleisschrauben 43

L

Landeeinweisung 147
Lawine 162, 176, 218
Lawinengefahr 119, 138
Lawinenlagebericht 138, 176
Leiste 26, 95, 172
Liegestütztechnik 79, 80
Loch 95, 110, 126, 165, 172, 191
Lose Rolle 154
Luftbewegung 179
Luftdruck 57
Luftfeuchtigkeit 162, 210
Lufttemperatur 210

M

M-Skala 163
Machardknoten 124
Maillon Rapide 126
Mannschaftszug 106, 153
Maßstab 55, 122
Mastwurf 100, 109, 121, 128
Materialkarabiner 50
Materialschlaufe 50, 104, 177
Medikation 142
Mehratmung 142
Meindl-Klassifizierung 40
Meridiankonvergenz 58
Missweisungen 58
Mitreißgefahr 106, 109, 119, 120
Mixedklettern 17, 152, 167, 170, 175
Mixedroute 17, 50, 163
Modifizierter Rammpickel 111
Monopoint 175
Monozacke 50, 167, 173

N

Netzabdeckung 46, 70
Nifedipin retard 142
Nordstern 67
Notbiwak 159

P

Peilen 58
Periodische Atmung 140
Placement 91, 172
Prusikknoten 101, 118, 125, 152,
Pulsoxymeter 142

R

Rammpickel 50, 111
Rastposition 165
Raufrost (Anraum) 66
Reanimation 144
Reihenschaltung 109
Richtungszahl 59, 62
Riss 132, 138, 170, 172
Rissverschneidung 172
Route 22, 28, 50, 71, 103, 106, 111, 128, 167, 195, 204,
Rücklaufsperre 102, 115, 128, 156, 200
Rückwärtseinschneiden 61
Rückzugsmethode im Blankeis 126

S

Sackstich 99, 104, 124, 149, 154
Satellitentelefon 46
Sauerstoffgabe 142
Sauerstoffpartialdruck 140
Sauerstoffsättigung 141, 142
Sauerstoffunterversorgung 140
Schaftzugpickel 91
Schlafhöhe 142, 185
Schleifknoten 103, 151, 152
Schlenzen 120
Seil verkürzen 106, 119
Seilabbund 123
Seildehnung 106, 114
Seildurchmesser 98, 102, 114, 129
Seilmitte 106
Seitwärtsabschneiden 59, 61

Seitzüge 166
Selbstrettung 106, 156
Selbstsicherungsschlinge 103, 118, 123, 149, 156
Sichern 98, 103, 108, 114, 121, 137, 144, 177
Sirtaki 87
Spaltensturz 104, 133, 137, 153
Spaltenzone 28, 33, 185
Spreizen 92, 164
Sprungseil 122, 127, 138, 183, 191, 207
Statische Aufladung 213
Staulage 211
Steinschlag 12, 118, 123, 127, 134
Stemmen 164
Surren 213

T
T-Anker 110, 154
Tageshöhe 142
Technisches Eisgerät 43
Teleskopskistock 77
Temperaturkompensation 57

Tiefdruckgebiet 63, 211, 213
Toter Mann 112
Tourenplanung 22, 28, 30, 72, 124, 133, 138, 180
Trackaufzeichnung 71
Trackback 71
Trefferwahrscheinlichkeit 210

U
Überdruckkammer 142
Überkreuzzüge 166
UIAA-Norm 41
Ungesichertes Seilende 125
Unterzüge 166
UTM-Gitter 57

V
Verhaltensfehler 26
Verhauer 33, 204,
Vertikalzackentechnik 81, 87, 89
Viagra 19, 142
Vorbereitete Standschlinge 103, 109, 112
Vorwärtseinschneiden 62

W
Warmfront 211
Wechselgelände 32
Wechte 66, 72, 89, 119, 121, 137
Wechtensturz 137
Wegpunkt 70, 73
Wegzeitberechnung 31
Westalpenskala 25
Wetterbericht 32, 185, 206, 210
Wetterprognose 210
WI-Skala (Water Ice) 163
Würgeknoten 121
Württemberger HMS 150

Z
Zeigeruhr 66
Zwiebelprinzip 38
Zwillingsseil 41, 48, 98, 114, 174
Zwillingsseiltechnik 114
Zwischenhoch 211

Über einen der vielen Firngrate in der Monte-Rosa-Gruppe

Ebenfalls erhältlich ...

ISBN 978-3-7654-6133-0

ISBN 978-3-7654-6167-5

ISBN 978-3-7654-8221-2

ISBN 978-3-7654-4969-7

www.bruckmann.de

Dank:

Wir bedanken uns beim jeweils anderen für die geschmeidige Zusammenarbeit und bei unseren Frauen Nadja Raslan und Catharina Bach Gadelha für die allgemeine Lebenshilfe. Weiterhin Danke an: Knut Griese, Dörte Pietron, Billi Bierling, Hebbe Fischer (Korrekturen und wertvolle Tipps), Miriam Limmer (Korrekturen 3. Aufl.), Florian Hellberg, Stefan Indra, Eckehard Glässer, Sabine Jakobs, Steffen Völzke, Jochen Hintermair, Ines Papert und alle unsere »Models« auf den Bildern.

Impressum

Produktmanagement: Dr. Johannes Abdullahi, Cornelius Traub
Lektorat: Gotlind Blechschmidt
Layout: BUCHFLINK Rüdiger Wagner
Repro: Cromika
Grafiken: Georg Sojer, Ruhpolding
Herstellung: Alexander Knoll
Printed in Slowenien by Florjancic

★★★★★

Sind Sie mit diesem Titel zufrieden? Dann würden wir uns über Ihre Weiterempfehlung freuen.
Erzählen Sie es im Freundeskreis, berichten Sie Ihrem Buchhändler, oder bewerten Sie bei Onlinekauf.
Und wenn Sie Kritik, Korrekturen, Aktualisierungen haben, freuen wir uns über Ihre Nachricht an Bruckmann Verlag, Postfach 40 02 09, D-80702 München oder per E-Mail an lektorat@verlagshaus.de.

Unser komplettes Programm finden Sie unter  www.bruckmann.de

Alle Angaben dieses Werkes wurden vom Autor sorgfältig recherchiert und auf den neuesten Stand gebracht sowie vom Verlag geprüft. Für die Richtigkeit der Angaben kann jedoch keine Haftung übernommen werden, weshalb die Nutzung auf eigene Gefahr erfolgt. Insbesondere bei GPS-Daten können Abweichungen nicht ausgeschlossen werden. Sollte dieses Werk Links auf Webseiten Dritter enthalten, so machen wir uns die Inhalte nicht zu eigen und übernehmen für die Inhalte keine Haftung.

Bildnachweis:
Luana Bach: 100, 104; Tobias Bach: 12, 13, 14, 15 (2), 16, 17, 18, 23, 25, 27, 28, 29, 31, 33, 34, 74/75, 76, 77, 78 (2), 80, 81, 84, 85, 87 (3), 88, 89 u., 99, 102 (2), 105, 107, 108, 110, 111, 113, 118, 122 (2), 123 o., 124, 125, 127, 129, 148 o., 177, 178/179, 181, 184, 185, 186, 187 (2), 188, 189, 190, 191, 195, 196, 197, 198, 199, 200, 201, 217 o.; Catharina Bach Gadelha: 123 u.; Billi Bierling: 143 u., 147, 176; Eckehard Glässer: 64/65, 211; Franz Hölzl: 2/3, 4, 5, 8, 10/11, 19, 20/21, 36/37, 39, 40, 41, 42 (2), 43 (2), 44/45, 46 (2), 47, 49, 50, 51, 52/53, 54, 55, 56, 58, 60, 61, 63 (2), 67, 69 (2), 70, 71, 73, 82/83, 89 o., 90, 91, 92, 93, 94, 95, 96/97, 112, 114, 116/117, 130/131, 135, 136, 137, 138, 139, 143 o., 146, 148 u., 153 (2), 154, 156, 158, 159, 162, 163, 164, 165, 166, 168/169, 170 u., 171, 172, 174, 175, 192/193, 202, 203 (2), 204 (2), 205, 206, 207, 208/209, 210, 212, 213, 214, 215, 216, 219, 222; Sabine Jakobs: 141; Dörte Pietron: 86, 217 u.; Kiki Scharf: 101; Franz Walter: 6; Shutterstock/bergelmLicht: 182; Shutterstock/mdoelle: 183; Shutterstock/luciezr: 180; Visualimpact.ch/Rainer Eder: 160/161, 173; Visualimpact.ch/Thomas Senf: 170 o.;

Grafiken:
Alle Grafiken stammen von Georg Sojer mit folgenden Ausnahmen: Sebastian Schrank: 59 (2), 60, 66, 68 u.; Christiane von Solokoff: 68 o., 120, 133, 134

Abbildungsnachweis Karten:
S. 56 o.: Ausschnitt aus der Alpenvereinskarte Nr. 30/6, Ötztaler Alpen, Wildspitze veröffentlicht mit freundlicher Genehmigung des Deutschen Alpenvereins und des Oesterreichischen Alpenvereins. Die Karte ist maßstäblich verkleinert.
S. 56 M.: Ausschnitt aus der Alpenvereinskarte Nr. 4/2 Wetterstein und Mieminger Gebirge veröffentlicht mit freundlicher Genehmigung des Deutschen Alpenvereins. Die Karte ist maßstäblich verkleinert.
S. 56 u.: Landeskarte der Schweiz, Blatt 1277, swisstopo, Bundesamt für Landestopografie;
s. 72: Ausschnitt aus der Alpenvereinskarte Nr 40, Glocknergruppe veröffentlicht mit freundlicher Genehmigung des Deutschen Alpenvereins und des Oesterreichischen Alpenvereins. Die Karte ist maßstäblich vergrößert.

Umschlagvorderseite: Im Abstieg vom Piz Palü, Bernina
Umschlagrückseite: Ines Papert beim Eisklettertraining

Die Deutsche Nationalbibliothek verzeichnet diese Publikation in der Deutschen Nationalbibliografie; detaillierte bibliografische Daten sind im Internet über http://dnb.d-nb.de abrufbar.

Aktualisierte Neuauflage
© 2022, 2019, 2016, 2013 Bruckmann Verlag GmbH, München

ISBN 978-3-7654-5003-7